高等职业教育
新形态创新
系列教材

市场营销

主 编 赵 婷 徐 妍 柯沪芬
副主编 贾少博 魏红刚 朱晓明
　　　 李晓娜 卫 苗 张艺函

西安交通大学出版社
XI'AN JIAOTONG UNIVERSITY PRESS

内容简介

本教材是针对高职院校学生的市场营销类教材,以"项目"的形式从七个方面阐述了"市场营销认知""发现市场机会""市场营销调研""消费者购买行为分析""目标市场营销战略""4Ps 营销策略""移动互联网时代营销新策略"等。每个"项目"均设有"课程思政""学习目标"及若干"任务"模块,每个"任务"又通过"任务描述""任务要求""知识链接""任务实施""任务评价""课后自测"等六个模块进行讲述,任务明确,通俗易懂。本教材采用"互联网+"形式,实现纸质教材与数字资源的融合,便于提高教学质量,便于教师授课,也便于学生学懂。

另外,本教材将课程思政元素很好地融入市场营销的教与学之中,对增强学生"文化自信"有很大益处。

图书在版编目(CIP)数据

市场营销 / 赵婷,徐妍,柯沪芬主编. —西安:西安交通大学出版社,2022.5
ISBN 978-7-5693-2596-6

Ⅰ.①市… Ⅱ.①赵… ②徐… ③柯… Ⅲ.①市场营销学-高等职业教育-教材 Ⅳ.①F713.50

中国版本图书馆 CIP 数据核字(2022)第 078577 号

书　　名	市场营销 Shichang Yingxiao
主　　编	赵　婷　徐　妍　柯沪芬
副 主 编	贾少博　魏红刚　朱晓明　李晓娜　卫　苗　张艺函
策划编辑	杨　璠　曹　昳
责任编辑	苏　剑　曹　昳
责任校对	张　欣
装帧设计	伍　胜
出版发行	西安交通大学出版社 (西安市兴庆南路 1 号　邮政编码 710048)
网　　址	http://www.xjtupress.com
电　　话	(029)82668357　82667874(市场营销中心) (029)82668315(总编办)
传　　真	(029)82668280
印　　刷	西安五星印刷有限公司
开　　本	787 mm×1092 mm　1/16　印张 10　字数 211 千字
版次印次	2022 年 5 月第 1 版　2022 年 5 月第 1 次印刷
书　　号	ISBN 978-7-5693-2596-6
定　　价	49.00 元

如发现印装质量问题,请与本社市场营销中心联系。
订购热线:(029)82665248　(029)82667874
投稿热线:(029)82668804
读者信箱:phoe@qq.com

版权所有　侵权必究

前　言

《市场营销》教材的编写深入贯彻了习近平总书记关于职业教育的重要指示,全面落实了全国职业教育大会精神,实践了《国家职业教育改革实施方案》中关于"建设一大批校企'双元'合作开发的国家规划教材,倡导使用新型活页式、工作手册式教材"的要求,以教材建设助力"三教"改革。本教材是新型活页式、工作手册式教材,修订了过去教材中存在的与企业脱节、内容陈旧老化等问题,填补了西安职业技术学院市场营销类教材的空白。教材的编写在企业、行业专家的指导下完成,以《国家职业教育改革实施方案》中"培养高素质劳动者和技能人才"的总体要求为目标,在内容编排、任务目标的设置和任务评价方面进行了创新。

一、内容编排的创新

教材按照"新型活页式、工作手册式教材"编写理念,以任务实施为主线,把职业能力作为最小组织单元重构了传统教材内容。教材对接实际岗位与工作领域,分析归纳出岗位所需的典型工作任务。要求学生把所学的营销理论运用到营销实践中,能够根据对市场环境的了解,进行正确判断分析,完成所需要解决的营销问题或策划具体的营销方案。通过任务实施,增强高职学生的实践能力和创新能力。根据营销岗位技能培养要求,《市场营销》教材突出市场营销调研、市场开发分析和 4Ps 营销计划等技能的培养,课程分为 7 个项目,22 项任务。本教材根据"一项目一课程思政,一任务一训练,理论先行,操作指导,实践运用"的指导要求编写,即布置项目任务→了解任务目标→强调任务要求→明确理论指导→指导课业任务操作→确立任务评价→提供任务范例。

二、任务目标的创新

教材整体以就业为导向,让学生获得直接上岗能力,突出营销岗位技能培养,凸显了高职教育的本质要求。根据营销岗位人才培养的知识、能力、素质结构要求确定教学内容,使学生既掌握市场调研技能、市场开发分析技能和企业营销计划技能,又具备岗位职业素质,确保"以就业"为导向的任务目标实现,并使学生获得专业岗位技能训练必需的营销专业理论。

三、任务评价的创新

《市场营销》活页式教材建立了以"能力评价"为内容的任务评价体系,设计了针对具体任务的评价指标和评价标准,评价体系是对学生进行知识、技能、素质全面考核的"综合性评价";采用对课程每一项目中学生完成的任务进行考核的"过程性评价",任务评价是由教师、学生、社会相结合的"多元主体评价"。项目任务以学习小组共同讨论、分工完成为主,在任务实施的过程中也培养了学生团结合作的精神。

此外,教材还融入了课程思政元素,强化立德树人教育职能。同时,为了使教材能够真正"活"起来,教材在书面文字、理论讲解的基础上加入了二维码链接,学生扫描二维码即可获得数字资源,资源类型包括文档、视频、动画、图片等,在增添教材内容丰富性的同时激发学生的学习兴趣。

值得关注的是,教材的编写坚持校企"双元"开发模式,在对接理论的同时,又深度融合了行业实践和实际工作要求,既可以供高职院校师生教学使用,也可供营销从业人员自学使用,还可作为企业员工的培训用书。

本教材由西安职业技术学院的赵婷担任第一主编,徐妍和柯沪芬为第二、第三主编,贾少博、魏红刚及许昌工商管理学校朱晓明、三门峡社会管理职业学院李晓娜、济源职业技术学院卫苗、河南地矿职业学院张艺函等为副主编。全书由赵婷负责总体架构设计、修改、补充和定稿。陕西美歆实业有限公司总经理王杰为本教材提供了许多支持并提出了宝贵建议,在此表示感谢。同时还要感谢西安职业技术学院经济管理学院的领导和教师对本教材编写的支持。

对高职教材编写的探索研究,由于我们水平和经验的局限,难免存在许多不足之处,恳请各相关单位和院校持续关注,并将意见及时反馈给我们,以便及时修订完善。

编者

2022 年 1 月

目 录

项目一　市场营销认知 ·· 1

　　任务一　认知体会写作 ·· 2
　　任务二　市场营销观念演变讨论交流 ··· 7

项目二　发现市场机会 ·· 12

　　任务一　市场营销宏观环境 ·· 13
　　任务二　市场营销微观环境 ·· 24
　　任务三　市场营销环境 SWOT 分析 ··· 31

项目三　市场营销调研 ·· 43

　　任务一　制订市场调研计划 ·· 44
　　任务二　设计调查问卷 ·· 49
　　任务三　统计调查问卷 ·· 54
　　任务四　撰写市场调研报告 ·· 63

项目四　消费者购买行为分析 ·· 72

　　任务一　购买体验交流 ·· 73
　　任务二　城市游客选择乡村旅游交流 ·· 81
　　任务三　营销礼仪小故事交流 ·· 87

项目五　目标市场营销战略 ·· 94

　　任务一　产品市场细分 ·· 96

任务二　目标市场营销策略 …………………………………………………… 101

　　任务三　云南白药市场定位 ……………………………………………………… 106

项目六　4Ps营销策略 ……………………………………………………………… 111

　　任务一　品牌名称和标志设计 …………………………………………………… 112

　　任务二　价格计划方案设计 ……………………………………………………… 117

　　任务三　分销计划方案设计 ……………………………………………………… 124

　　任务四　促销计划方案设计 ……………………………………………………… 131

项目七　移动互联网时代营销新策略 ……………………………………………… 140

　　任务一　社交网络营销写作 ……………………………………………………… 141

　　任务二　咖啡店如何进行社群营销 ……………………………………………… 145

　　任务三　新媒体营销如何为故宫文创产品打开销路 …………………………… 148

项目一 市场营销认知

课程思政

2015年1月19日至21日,习近平在云南考察工作时强调:"要把生态环境保护放在更加突出位置,像保护眼睛一样保护生态环境,像对待生命一样对待生态环境,在生态环境保护上一定要算大账、算长远账、算整体账、算综合账,不能因小失大、顾此失彼、寅吃卯粮、急功近利。" 2016年8月22日至24日,习近平在青海考察工作时指出:"党的十八大以来,我反复强调生态环境保护和生态文明建设,就是因为生态环境是人类生存最为基础的条件,是我国持续发展最为重要的基础。'天育物有时,地生财有限。'生态环境没有替代品,用之不觉,失之难存。人类发展活动必须尊重自然、顺应自然、保护自然,否则就会遭到大自然的报复。这是规律,谁也无法抗拒。"

"绿水青山就是金山银山",是习近平总书记提出的重要发展理念。深入理解和把握这一理念提出的历史背景与深刻道理,对于自觉保护好生态环境、实现绿色发展具有重要意义。环境是我们生存发展的根本,只有"留得青山在",才能"不怕没柴烧"。把不损害生态环境作为发展的底线,努力建设天蓝地绿水清的美好家园,应当成为每个中国人的思想自觉和行动自觉。社会市场营销观念的内容与这一发展理念是一致的:企业生产或提供产品和服务时,不仅要满足消费者的需求,还要符合消费者和社会发展的长期利益。

学习目标

知识目标:理解市场营销的含义。

　　　　　　理解市场营销相关的核心概念。

　　　　　　理解市场营销观念的演变过程。

能力目标:要求学生在理解市场营销重要性的基础上,重点提高"归纳总结能力"和"表达交流能力"。

素质目标:通过本项目任务的实施,培养学生团队协作精神和交往能力。

任务一　认知体会写作

一、任务描述

要求学生正确理解市场营销的含义和核心概念,结合企业市场营销成败案例,进行基本概念的梳理和总结,完成一篇约500字的"认知体会写作"。

二、任务要求

要求"认知体会写作"的内容完整、观点鲜明、条理清楚,做到理论联系实际。

三、知识链接

(一)市场营销的含义

市场营销是指企业以消费者为中心开展的一系列营销活动的过程。现代营销学之父——菲利普·科特勒认为,市场营销是个人和集体通过创造,提供出售,并同别人自由交换产品和价值,以获得其所需所欲之物的一种社会和管理过程。现代营销是以满足消费者需求为出发点,通过市场分析制定可行的营销策略,最终实现企业的利润目标,它包含以下三个层次的含义。

(1)市场营销的基本原则是满足消费者的需求和欲望。

(2)市场营销的本质是"交换"。

(3)市场营销的关键是企业通过创造产品的价值,制定对应的营销策略,引导消费者的需求。

(二)市场营销的核心概念

1.需求

需求是指由购买力支撑的某些具体产品和服务的购买欲望。当消费者具有购买力时,欲望就会转化为需求;当消费者只有购买欲望而不具备购买力时,这种欲望就不能实现。因此,企业在研究某种产品的市场需求时,不仅要分析消费者的购买欲望,更要关注其是否具有购买力。

(客户的需求)

2. 欲望

欲望是指消费者想得到一些多样化的产品或服务。比如人们在饥饿的时候会想到吃面条、汉堡、火锅、烤肉等。欲望会随着社会经济发展水平和人们消费水平的变化而变化,欲望是无止境的。一般来说,企业可以通过提供优质的产品和服务来激发消费者的购买欲望。

3. 产品

营销学中的产品是指能够满足人们的某种需求和欲望的一切东西,包括有形产品和无形产品。有形产品是指能看得见、摸得着的具有实物形态的产品,包括人们购买的食物、衣服、房子、汽车等;无形产品包括服务、产权、劳务、信息咨询等。随着社会经济的发展,服务业的比重越来越大,人们不仅满足于实物形态产品的购买,而且越来越重视无形产品的体验,追求更高层次的精神需求。因此,企业的营销活动应该围绕提升产品的附加价值,提升顾客的购买体验而开展。

4. 交换

市场营销是以交换为前提的活动。交换是指以某种利益为回报,从他人那里获得需求的过程。营销学中的交换必须具备以下条件:第一,至少有交换的两方;第二,双方可以就自己需要的东西进行沟通;第三,交换以自愿和方便为原则;第四,交换对双方来讲是共赢的。

5. 客户满意

企业仅仅了解客户有哪些需求和欲望是不够的,还需要通过提供产品和服务满足客户的需要,并且让客户拥有舒适的消费体验,也就是说让客户满意。客户满意是市场营销学的核心,企业的一切营销活动就是围绕客户满意而展开的。

(华为——以客户为中心)

企业案例

作为最早"走出去"的家电企业,海尔在20世纪90年代初就开始了国际化道路。十几年来,海尔一直贯彻"真诚到永远"的服务理念,最终赢得了由中国品牌到全球化品牌的快速转变,并在全球化市场竞争中获得了累累硕果。

走出国门 放眼世界

海尔的成长,可以分成"三步走"——走出去、走进去、走上去,直至"要拥有家电全球话语主导权"。它们真实记录了海尔由小变大,由弱变强,真正实现不断超越自我创新发展的轨迹。早期,海尔在冰箱、洗衣机、酒柜、冷柜等四个品类的全球份额节节攀升,共揽获8项大奖,引来海外各大媒体的关注,得到世界的认可。

技术革新　树立行业新标

如何将技术转化成产品满足客户需求,是奠定企业蓬勃发展的基础。对于海尔来说,技术发展经历了从引进国外技术到向外输出标准的变革。数据显示,海尔累计提报了77项IEC(国际电工委员会)国际标准提案,其中无粉洗涤技术、防电墙等27项提案已经正式成为国际标准并实施;同时,海尔参与制定国家标准262项、国际标准34项,是中国参与国际标准、国家标准、行业标准较多的家电企业。

海尔坚持"三位一体"的本土化发展,一切以用户为中心整合资源进行创新。目前,海尔在全球共建立了21个工业园、24个制造工厂、10个综合研发中心、19个海外贸易公司。在美国、欧洲等地建立了集研发、制造、营销于一体的运营体系,将全球消费者个性化需求和技术进行融合,为消费者提供差异化解决方案。根据不同消费者对品质生活的追求,海尔给用户带来时尚、舒适、便捷的使用体验,获得用户的一致好评与信赖。

四、任务实施

(一)实施要求

如何写好一篇"认知体会"?掌握写作的架构和要求是关键。一般来讲,认知体会类文章可以分为三部分:开头、正文、结尾。写作基本要求如下。

1. 开头

开头就要明确文章的主题及文章阐述的观点,比如"客户满意是企业营销活动的基础",这就是一个论点。论点的提出应该满足以下条件:①概念要准确;②认识合理,符合人们对客观事物认识的规律。

2. 正文

文章的正文应该是分析提出的问题,对论点进行推理。比如"客户满意是企业营销活动的基础"可以理论联系实际,结合实例资料来论述客户满意为什么是企业营销活动的基础。正文写作的要求:①紧扣主题;②条理清楚;③逻辑正确;④论据支撑。

3. 结尾

文章的结尾应该是问题的结论。可以从正文论述中归纳总结或者从实例中提出自己的观点或建议。结论一定是自己对论点的理解和表达。结论要求:①观点鲜明、具体;②结论概括、简短。

(营销的本质)

（二）实施过程

各小组完成"认知体会"文章如下：

_____
_____
_____
_____
_____
_____
_____
_____
_____
_____

五、任务评价

项目一"市场营销认知"包含两项任务，总分为100分。任务一"认知体会写作"占60分，其评价分值和标准如表1.1所示。

表1.1 "认知体会写作"评价标准

评价指标	基本完成任务	达到要求完成任务	成绩评价(60分)
知识运用 (30分)	营销含义的理解、营销核心概念的理解(10分) 可以全面分析，也可以从其中一个方面来分析(10分)	概念、含义描述准确(5分) 观点正确(5分)	
写作要求 (30分)	联系企业实例(10分) 形成自我认识(10分)	论述充分(5分) 表达有条理(5分)	

六、课后自测

单项选择题

1. 市场营销的本质是（　　）。
   A. 需求　　　　B. 欲望　　　　C. 交换　　　　D. 经济活动

2. 市场营销的基本原则是(　　)。
A. 满足消费者的需求和欲望　　　　B. 信息交换
C. 商品价值传递　　　　　　　　　D. 市场调研
3. 市场营销学的核心是(　　)。
A. 满足　　　　B. 销售　　　　C. 客户满意　　　　D. 沟通
4. 市场营销活动应以(　　)为基础。
A. 企业资源　　B. 内部条件　　C. 消费者需求　　　D. 市场需求

任务二　市场营销观念演变讨论交流

一、任务描述

要求每位同学围绕"市场营销观念的演变"这一主题在小组内展开讨论，在讨论交流的基础上，小组派一名代表汇总大家的观点，并代表本组在班级内交流。

二、任务要求

要求小组内成员积极参与讨论交流，理论结合实际，形成自己的观点。小组讨论交流后结合考核指标进行互相点评，最后师生联合评出小组交流的团队成绩。

三、知识链接

（一）市场营销学的产生和发展

市场营销学是研究企业整体营销活动的一门综合性学科，它包含了经济学、管理学、心理学、社会学和哲学等学科。

早期市场营销研究的对象局限于产品推销和广告。现代市场营销学重在研究企业面对激烈的市场竞争，如何寻求市场机会，实施目标市场营销战略，运用合理的营销策略提高企业的经济效益。

市场营销学作为一门独立的学科最早是 20 世纪在美国形成的。学科的发展过程经历了萌芽期、形成期和成熟期三个阶段。

1. 萌芽期

19 世纪末到 20 世纪初，是市场营销学的萌芽阶段。这个时期，英国等国家先后进行了工业革命。因为生产过剩导致产品积压，很多企业不得不重视销售工作。1912 年，美国哈佛大学教授赫杰特齐撰写了世界上第一本以"Marketing"命名的教科书，这标志着一门独立的学科正式形成。1929—1933 年，资本主义国家经历了经济危机，生产严重过剩，企业大量倒闭，这迫使企业共同试图解决销售问题。1926 年"全美广告协会"更名为"全美市场营销学和广告学教员协会"；1937 年，全国性的"市场营销学会"成立。这时市场营销学被广泛应用。

2. 形成期

20 世纪中叶是市场营销学的形成阶段。第二次世界大战后，以美国为首的资本主义国家纷纷重视民用工业，使得民用产品在短时间内出现严重过剩，产销矛盾日益突出，于是美国政府采取高工资、高福利和高消费等政策来拉动需求、刺激经济,整个社会的消费水平和人们的收入水平得到了大幅度提高。因此,市场营销学开始从流通领域扩展到生产领域和消费领域。

3. 成熟期

进入20世纪70年代,由于科学技术的飞速发展,市场营销学进一步和经济学、社会学、管理学、心理学等学科结合起来,形成一门综合性的经济学科,广泛应用于社会各个行业和领域。

(二)市场营销观念演变

市场营销观念产生于20世纪初期的美国,是企业进行市场营销活动的基本指导思想,也就是企业开展营销活动所遵从的价值观和出发点。营销观念是一定社会生产条件下的产物,随着经济的发展而不断演变。纵观市场营销发展历史,市场营销观念的演变大致经历了五个阶段:生产观念、产品观念、推销观念、市场营销观念和社会市场营销观念等。

1. 生产观念

生产观念是最早的市场营销观念,盛行于19世纪末20世纪初。这一历史时期,由于物资匮乏,产品供不应求,生产观念应运而生。这种观念的典型表现为:"我们生产什么,就卖什么。"该观念认为,消费者喜欢到处能买到的价格低廉的商品,企业在生产观念的指导下,利用一切资源,增加产量、降低成本。由此可见,生产观念是一种生产至上的管理哲学。

(世界第一辆汽车)

2. 产品观念

产品观念认为顾客喜欢质量高、款式新、有特色的产品。因此,企业重在提升产品的质量,开发产品样式,挖掘产品特色,典型的形式就是"酒香不怕巷子深"。奉行该观念的企业认为只要自己的产品足够好,就一定能卖出去。

3. 推销观念

产品观念的后期开始出现产品的同质化,产品创新不足导致销量下降。第二次世界大战结束后,科学技术水平得到进一步发展,市场上产品出现供过于求,这时产生了推销观念。推销观念认为:消费者通常具有一种购买惰性,如果不进行努力劝说,消费者不会产生购买欲望。因此,这时企业的主要任务由原来的生产优质产品转变为积极推销和大力促销,引导消费者购买产品。其典型表现为:"企业推销什么产品,消费者就会买什么产品。"在这一观念的指导下,企业经营的重点是采取各种推销手段和策略向消费者大力推销产品,来提高企业的经济效益。

4. 市场营销观念

第二次世界大战以后,资本主义经历了 20 多年的发展。生产效率进一步提高,产品供应量大幅度增加,竞争越来越激烈,原来的卖方市场逐渐转变为买方市场,以消费者为核心的观念逐渐盛行起来。市场营销观念认为:企业应该以消费者的需求为出发点,集中资源来满足消费者需求。也就是典型的:"顾客需要什么,就生产什么。"该观念下的企业十分重视市场调研,把让顾客满意作为企业的目标。例如,日本本田汽车公司当时在美国推出一款雅阁牌新车,在设计新车前,他们派出工程技术人员专程到洛杉矶地区考察高速公路的情况,实地丈量路长、路宽,采集高速公路的柏油,拍摄进出口道路的设计。回到日本后,他们专门修了一条约 14.48 公里长的高速公路,就连路标和告示牌都与美国公路上的一模一样。在设计行李箱时,设计人员就去停车场观察人们如何放取行李。结果是本田公司的雅阁汽车一到美国就备受欢迎。

(海尔智慧家庭)

5. 社会市场营销观念

20 世纪 70 年代开始,全世界陆续出现了环境污染、资源短缺、通货膨胀等一系列社会问题,如果只是单纯以消费者需求为中心,就可能忽略了社会的整体利益和长远利益,就会导致出现更多的社会问题。这个时候社会市场营销观念出现了,该观念认为企业的一切经营活动不仅要满足消费者的需求,还要符合社会发展的长远利益。

(市场营销观念的新发展)

四、任务实施

(一)实施要求

1. 交流讨论的内容

明确围绕"市场营销观念的演变"这一主题进行讨论交流。要求:①理论联系实际;②明确自己的观点;③交流内容完整;④观点表达准确。

2. 交流讨论的技巧

①交流表达:要求表述清楚、流畅,语速适中;②交流表情:要求面部表情自然、舒展;③交流

姿态：要求姿态大方得体，具有感染力。

（二）实施过程

1. 记录同组同学的观点。

_____
_____
_____
_____
_____
_____

2. 派代表汇总同学的观点并在班级内交流。

五、任务评价

项目一"市场营销认知"包含两项任务，总分为 100 分。任务二"市场营销观念演变讨论交流"占 40 分，其评价分值和标准如表 1.2 所示。

表 1.2 "市场营销观念演变讨论交流"评价标准

评价指标	基本完成任务	突出完成任务	评价成绩(40分)
交流内容(20分)	理论联系实践(6分) 形成自己观点(6分)	内容完整(4分) 观点鲜明(4分)	
交流表述(10分)	表达清楚(3分) 表达有条理(3分)	流畅、熟练(2分) 语速适中(2分)	
交流表情(10分)	表情自然、舒展(5分)	表情丰富(3分) 具有吸引力(2分)	

六、课后自测

（一）多项选择题

1. 下列关于推销观念说法正确的有(　　)。
   A. 我生产什么，就卖什么
   B. 我卖什么，就设法让人买什么
   C. 我生产什么，就买什么
   D. 客户需要什么，我就生产什么

2.市场营销观念包括( )。

A.生产观念　　　　B.推销观念　　　　C.产品观念　　　　D.市场营销观念

3.下列关于客户满意说法正确的是( )。

A.提高客户满意度可以通过提升客户体验来实现

B.客户满意了就会成为忠诚客户

C.对产品使用后的感知效果和预期一致,客户就会满意

D.夸大产品宣传效果会导致客户不满意

4.需求是( )。

A.主观愿望　　　　　　　　　B.无限的

C.有支付能力的欲望和要求　　　D.受条件限制的

5.社会市场营销观念主张企业制定营销策略时,应结合( )方面的利益。

A.企业利润　　　B.社会长远利益　　　C.消费者长期利益　　　D.竞争者

(二)简答题

1.什么是市场营销?

2.市场营销的核心概念有哪些?

3.简述市场营销观念及其演化过程。

4.谈谈你对社会市场营销观念的认识与看法。

项目二 发现市场机会

课程思政

2021年"春晚口罩"火了!据悉,"春晚口罩"是上汽通用五菱联合央视共同打造的。2020年年初,新冠感染疫情突然暴发,口罩一时间成为紧缺物资。上汽通用五菱于2月开始改造生产线转产医用口罩,并且喊出了"人民需要什么,五菱就造什么"的口号。上汽通用五菱生产口罩一事,瞬间在社交媒体发酵,并登上微博热搜。这一波跨界操作,不仅缓解了物资紧缺的局面,同时也为企业在经济停摆期间找到了新的利润增长点。

数据显示,2020年2月1日至3月15日,全国超过2.8万家企业经营范围新增了"口罩、额温枪、消毒液、防护服、医疗器械"等相关业务。

上汽通用五菱和超过2.8万家企业正是把握了市场宏观环境的变化,为企业带来了新的活力,也为国家的防疫作出了贡献。

学习目标

知识目标:掌握市场营销宏观环境包含的因素及其相关内容。
　　　　　掌握市场营销微观环境包含的因素及其相关内容。
　　　　　掌握SWOT分析方法。
能力目标:要求学生在掌握宏观环境和微观环境的基础上会进行SWOT分析。
素质目标:通过本项任务实施,培养学生分析问题的能力和团队协作精神。

任务一　市场营销宏观环境

一、任务描述

要求每位学生认真阅读以下案例,结合市场营销宏观环境包含的因素及其相关内容,对肯德基在香港市场营销成败进行分析,梳理自己的观点,并在小组内进行交流。在交流的基础上,小组派一名代表汇总大家的观点,并代表本组在班级内交流。

企业案例

1973年9月,肯德基公司突然宣布在中国香港的多间家乡鸡快餐店停业,只剩下四间勉强支撑。肯德基家乡鸡采用当地鸡种,但其喂养方式仍是美国式的。用鱼肉喂养出来的鸡破坏了中国鸡的特有口味。另外家乡鸡的价格对于一般市民来说有点承受不了。

在美国,顾客一般是驾车到快餐店,买了食物回家吃,因此,店内是通常不设座位,在中国香港市场的肯德基公司仍然采取不设座位的服务方式。为了取得肯德基家乡鸡首次在中国香港推出的成功,肯德基公司配合了声势浩大的宣传攻势,在新闻媒体上大做广告,采用该公司的世界性宣传口号"好味道舔手指"。

凭着广告攻势和新鲜劲儿,肯德基家乡鸡还是红火了一阵子,很多人都乐于一试,一时间也门庭若市。可惜好景不长,3个月后,就"门前冷落鞍马稀"了。首批进入中国香港的美国肯德基连锁店集团全军覆没。在世界各地拥有数千家连锁店的肯德基为什么唯独在中国香港遭受如此厄运呢?经过认真总结经验教训,发现是中国人固有的文化观念决定了肯德基的惨败。10年后,肯德基带着对中国文化的一定了解卷土重来,并大幅度调整了营销策略。广告宣传方面低调,市场定价符合当地消费,市场定位于16岁至39岁之间的人。1986年,肯德基家乡鸡新老分店的总数在中国香港为716家,占世界各地分店总数的十分之一,成为香港快餐业中四大快餐连锁店之一。

二、任务要求

要求小组内成员运用市场营销宏观环境相关知识,分析案例,准确找出影响肯德基营销成败的宏观营销环境因素及各个因素影响结果,并积极参与讨论交流,形成小组的观点。小组交流后结合考核指标进行互相点评,最后师生联合评出小组交流的团队成绩。

(市场营销环境分析)

三、知识链接

市场营销环境是指影响企业市场营销活动及其目标实现的各种因素和动向。

市场营销环境可分为市场宏观环境和市场微观环境。宏观环境由人口环境、经济环境、政治法律环境、科学技术环境、社会文化环境、自然环境等六个因素组成,是企业不可控制的变量。微观环境因素包括企业、供应者、营销中介、顾客、竞争者和公众等。

(一)人口环境

市场营销是围绕由具有购买欲望和购买力的人组成的市场进行的。人口环境就成为企业市场营销主要的宏观环境因素,对市场格局产生着深刻影响。企业应重视对人口环境的研究,密切关注人口特性及其发展动向,及时调整营销策略以适应人口环境的变化。人口环境主要包括人口规模、人口增长、人口结构、人口的地理分布等因素。

1. 人口规模

人口规模也称人口总量,即总人口的数量,它是影响需求的重要因素。一般来说,在经济发展和收入水平相等的条件下,人口规模越大,则市场规模就越大。人口规模对市场规模的决定影响通常表现在对基本生活资料市场的需求量方面。因此,人口规模成为企业营销活动考察基本生活资料市场预测的要素。

2. 人口增长

人口增长与否或速度快慢,直接影响未来市场需求增长与否及变化方向。目前,发展中国家或地区人口增长率较高,发达国家人口增长缓慢,西欧、北欧的一些国家人口增长率为负。而我国过去10年人口平均增长率为0.53%,比上一个10年降了0.04个百分点。这意味着发展中国家或地区的消费需求会不断增长,市场潜力很大。人口出生率下降的国家,儿童用品消费需求的总量将会相对减少,但许多年轻夫妇有更多的闲暇时间和收入用于旅游、餐饮、娱乐等,对旅游业、交通运输业、餐饮业等行业来说,却是增加了市场机会。

(第七次人口普查图片)

3. 人口结构

人口结构包括自然结构和社会结构。自然结构有年龄结构、性别结构;社会结构有学历结构、家庭结构和民族结构。

①年龄结构。指的是一定时期人口的不同年龄构成。人口年龄通常分为六个阶段:0~6

岁学龄前儿童、6~14岁学龄儿童、14~18岁少年、18~45岁青年人、45~60岁中年人、60岁以上的老年人。不同年龄的消费者在社会阅历、生活方式、价值观念、社会活动等方面存在差异,在消费需求和消费方式上也必然不同,从而形成了各具特色的消费者群体。企业可以根据不同年龄消费者所具有的需求特点,寻找目标市场。如老年人对医药保健品需求较高,中年人对生活用品感兴趣,青少年喜欢电子产品和流行音乐,婴幼儿则对玩具及巧克力情有独钟,这就形成了具有年龄特色的老年人市场、中年人市场、青少年市场及婴幼儿市场。目前,随着人口出生率的降低,婴幼儿市场比重会下降,青少年市场容量仍然很大。平均寿命的增高使得老年人口比重上升,我国第七次人口普查结果显示,60岁以上人口占到总人口的18.7%,比2010年上涨了5.44%。一个庞大的老年人消费市场已逐步形成,适合老年人的食品、服装、保健品和健身器材、娱乐休闲用品和场所、社会服务机构和设施等都会为企业带来新的机会。

②性别结构。性别差异会给人们的消费需求带来显著的差别,企业可以针对不同性别的不同需求生产适销对路的产品,制定有效的营销策略,开发更大的市场。一般来说男性消费者需求多为粗放型、冒险型和冲动型,而女性则表现为唯美型和生活型,随着女性在家庭和社会中地位的提高,从业人数增加,家政市场和能减轻或替代家务劳动的产品的市场容量增加。

③学历结构。学历结构反映人口受教育程度的高低。不同学历的人,会表现出不同的消费偏差。通常情况下,高学历的人更多倾向于购买有知识品位的商品;低学历的人则较多讲究所购商品的价廉、实用。随着我国九年义务教育的普及和高等教育机会增加,人口的学历层次将会普遍提高,这将会给知识商品市场营销带来机遇。

④家庭结构。家庭是购买商品和消费的基本单位。不同的家庭结构类型会有不同的购买行为,从而影响企业的市场营销行为。目前,世界上家庭规模普遍呈现由扩大型向核心型转化的趋势。欧美国家的家庭规模基本上户均3人,亚非拉等发展中国家户均5人。在我国"核心型"的小家庭已经逐步由城市向乡镇普及发展,这必然引起家庭数量的剧增,住房、家具、家用电器等需求将会增加。

⑤民族结构。世界各国的民族结构有单一的,也有多元的。我国是一个多民族的国家,各民族在饮食、服饰、居住、婚丧、节日等物质和文化生活等方面各有特点。这些不同的消费者需求与风俗习惯影响了消费需求的构成和购买行为。因此,企业营销者要注意民族市场的营销,重视开发适合各民族特性、符合各民族喜好的商品。

4.人口的地理分布

人口的地理分布是指人口在不同地区的密集程度。人口的密集程度不同,市场规模大小就不同。居住在不同地区的人们由于地理位置、气候条件、传统文化、生活习惯的不同,表现出来的消费习惯和购买行为也会有差异,市场特性也就不同。世界人口正在加速城市化,在许多国家和地区,人口往往集中在几个大城市里。从我国来看,人口主要集中在东南沿海一带,约占全国总人口的40%,而西北、东北地区人口各占7%左右,人口密度由东南向西北逐渐递减。我国人口不断向城市集中,第七次人口普查结果显示,有63.8%的人口居住在城镇,比10年前上升了14.21%。城市人口密度很大,如上海、北京、深圳等城市的人口超过了1000万人,而农村人口相对分散。人口的这种地理分布表现在市场上,就形成了市场集中程度高,销售周转快的特点。农村市场虽然广阔但很分散,物流成本大。随着经济的活跃和发展,人口的区域流动性也越来越大。在发达国家,除了国家之间、地区之间、城市之间的人口流动外,还有一个突出的现象就是城市人口向农村流动。我国则相反,人口的区域流动则表现为农村人口向城市或工矿地区流动,内地人口向沿海经济开放地区流动。这增加了人口流入较多地区的基本需求量,给当地企业带来较多的市场份额和营销机会。

(二)经济环境

经济环境是影响企业营销活动的主要环境因素,是指企业营销活动所面临的外部经济因素,其运行状况及发展趋势会直接或间接地对企业营销活动产生影响。经济环境主要包括消费者收入、消费者支出、消费者储蓄和信贷、社会经济发展水平等因素。

1. 消费者收入

购买力是市场形成并影响其规模大小的决定因素,它也是影响企业营销活动的直接经济因素。消费者的购买力来自消费者的收入,但消费者并不是把全部收入都用来购买商品或服务,购买力只是收入的一部分。因此,在研究消费者收入时,需要注意以下几点。

①国内生产总值。国内生产总值是衡量一个国家经济实力与购买力的重要指标。从国内生产总值的增长幅度可以了解一个国家经济发展的状况和速度。国内生产总值增长越快,经济就越繁荣,消费者对商品的需求和购买力就越大,市场营销机会就越大。反之,就越小。

②人均国民收入。人均国民收入是用国民收入总量除以总人口的值。这个指标大体反映了一个国家人民生活水平的高低,也在一定程度上决定商品需求的构成。一般来说,人均收入增长,对商品的需求和购买力就大,反之就小。所以说消费者收入是影响社会购买力、市场规模以及消费者支出多少和支出模式的重要因素。

③个人可支配收入。个人可支配收入是指在个人收入中扣除消费者个人缴纳的各种税款和交给政府的非商业性开支后剩余的部分,是可用于消费或储蓄的那部分个人收入,它构成实际购买力。个人可支配收入是影响消费者购买生活必需品的决定性因素。

④个人可任意支配收入。个人可任意支配收入是指在个人可支配收入中减去用于维持个人与家庭生存不可缺少的费用(如房租、水电、食物、衣着等项开支)后剩余的部分。这部分收入是消费需求变化中最活跃的因素,也是企业开展营销活动时所需要考虑的主要因素。因为这部

分收入主要用于满足人们基本生活需要之外的开支,一般用于购买高档耐用消费品、旅游、储蓄等,它是影响非生活必需品和服务销售的主要因素。

2. 消费者支出

随着消费者收入的变化,消费者支出模式会发生相应的变化,进而影响到消费结构。一般用恩格尔系数来反映这种变化,其公式为

$$恩格尔系数 = 食物支出变动百分比 \div 收入变动百分比$$

恩格尔系数是衡量一个国家、地区、城市、家庭生活水平高低的重要参数。在收入水平低时,食物支出是消费支出的主要形式。随着收入的增加,在食物需求基本满足的情况下,消费的重心才会开始向穿、用等其他方面转移。因此,食物开支占总消费量的比重越大,恩格尔系数越高,表明生活贫困,生活水平低;反之,食物开支所占比重越小,恩格尔系数越小,表明生活富裕,生活水平高。

企业从恩格尔系数可以了解目前市场的消费水平,也可以推知今后消费变化的趋势及对企业营销活动的影响。

3. 消费者储蓄和信贷

消费者的购买力还要受储蓄和信贷的直接影响。当收入固定时,储蓄越多,现实消费就越少,而潜在的消费量就越大;反之,储蓄越少,现实消费量就越大,而潜在消费量就越小。另外,储蓄的目的不同,也往往会导致潜在需求量、消费模式、消费内容和消费发展方向的不同。这就要求企业营销人员在调查、了解储蓄动机与目的的基础上,制定不同的营销策略,为消费者提供有效的产品和服务。

消费者信贷对购买力的影响也很大。消费者信贷,也称信用消费,是指消费者凭信用先取得商品使用权,然后按期归还贷款,而购买商品的一种方式。信用消费使人们可以购买超过自己现实购买力的商品,创造了更多的需求,但潜在需求会减少。随着我国商品经济的日益发达,人们的消费观念大为改变,信贷消费方式在我国逐步流行起来,也创造了新的市场机会。

4. 社会经济发展水平

企业的市场营销活动还要受到整个国家或地区的经济发展水平的制约。经济发展阶段不同,居民的收入不同,顾客对产品的需求也不一样,从而会在一定程度上影响企业的营销活动。例如,在经济发展水平比较高的地区,消费者收入水平高,购买力强,更注重产品的款式、性能及特色,品质竞争多于价格竞争。而在经济发展水平比较低的地区,消费者往往更注重产品的功能及实用性,价格因素显得比产品质量更为重要。因此,对于不同经济发展水平的地区,企业应采取不同的市场营销策略。另外,经济发展阶段、经济体制、地区与行业发展状况、市场化程度等都会给企业的营销活动带来一定的影响。

（三）政治法律环境

政治法律环境是影响企业营销的重要宏观环境因素，包括政治环境和法律环境。政治环境引导着企业营销活动的方向，法律环境则为企业规定经营活动的行为准则。政治与法律相互联系，共同对企业的市场营销活动产生影响和发挥作用。

1. 政治环境

政治环境是指企业市场营销活动的外部政治形势。一个国家的政局稳定与否，会给企业营销活动带来重大的影响。如果政局稳定，人民安居乐业，就会给企业营销带来良好的环境。如果政局不稳，社会矛盾尖锐，秩序混乱，就会影响经济发展和市场的稳定。企业在市场营销中，特别是在对外贸易活动中，一定要考虑国家政局变动和社会稳定情况可能造成的影响。

此外，政府所制定的方针政策会对企业营销活动产生很大影响。如人口政策、能源政策、物价政策、财政政策、货币政策等都会影响企业的营销活动。例如，国家通过降低利率来刺激消费的增长；通过征收个人收入所得税调节消费者收入的差异，从而影响人们的购买行为；通过增加烟酒类商品的产品税来抑制烟酒市场。在国际贸易中，不同的国家也会制定相应的政策来干预外国企业在本国的营销活动，主要措施有进口限制、税收政策、价格管制、外汇管制、国有化政策等。

（"碳达峰"和"碳中和"）

2. 法律环境

法律环境是指国家或地方政府所颁布的各项法规、法令和条例等，它是企业营销活动的准则，企业只有依法进行各种营销活动，才能受到国家法律的有效保护，特别是经济法规对营销本身具有更为直接的制约。经济体制改革和对外开放以来，我国陆续制定和颁布了一系列法律法规，如产品质量法、企业法、经济合同法、反不正当竞争法、消费者权益保护法、涉外经济合同法、商标法、专利法、广告法、食品卫生法等。企业的营销管理者必须熟知有关的法律才能保证企业经营的合法性，运用法律武器来保护企业与消费者的合法权益。对从事国际营销活动的企业来说，不仅要遵守本国的法律制度，还要了解和遵守国外的法律制度和有关国际法规、惯例和准则，只有了解并掌握了这些国家的有关贸易政策，才能制定有效的营销对策，在国际营销中争取主动。

（四）科学技术环境

科学技术是第一生产力，是社会生产力中最活跃和决定性的因素。科学是人类认识自然的知识体系,是潜在生产力。技术是生产过程中的劳动手段、工艺方法,是现实的生产力。科学技术环境作为重要的营销环境因素,不仅直接影响企业内部的生产和经营,还同时与其他环境因素相互依赖、相互作用,影响着企业的营销活动,其影响作用主要表现在以下几个方面。

1. 影响着企业的营销决策

科学技术的发展,使得新品种、新款式、新功能、新材料等商品不断涌向市场,同时也唤起了消费者追求个性化产品和服务的欲望,这些都影响着市场营销环境的变化。因此,企业营销人员在进行决策时,必须考虑科学技术环境带来的影响。

2. 造就新的市场机会

科学技术是一种"创造性的毁灭力量"。一项新技术的应用,必然导致新的产业和新的市场出现,同时淘汰掉被取代的产业和旧的市场。例如,晶体管取代电子管,后又被集成电路所取代;电视机的发明对收音机制造业是个威胁,对电影院的冲击更明显;数码相机取代了胶卷相机,智能手机的拍照功能又极大地冲击相机产业等。因此,伴随着科学技术的进步,新产业替代旧产业,对新产业技术拥有者来讲是机会,对旧产业从业者却是威胁。技术变革必将引起市场需求的变化,带来新的市场机会。

随着科技日新月异的发展,新技术、新发明层出不穷,产品的生命周期不断缩短,迫使企业增加技术开发投入以应对新产品上市的竞争,同时产品营销周期也必须大大缩短,企业营销策略也要顺应这种特点。

科技的发展使产品品种不断增加,应用范围不断扩大,消费结构发生变化。例如:互联网、大数据、云计算等正在深刻改变着企业的经营管理方式和消费者的生活方式、消费模式和消费需求结构,人们可以足不出户实现网上购物、交友、工作、娱乐等,这带来了新的市场营销机会。因此,企业在组织市场营销时,必须深刻认识和把握由于科学技术发展而引起的社会生活和消费的变化,看准营销机会,积极采取行动,并且要尽量避免科技发展给企业造成的威胁。

(5G改变生活)

(五)社会文化环境

社会文化是指一个社会的民族特征、价值观念、生活方式、风俗习惯、伦理道德、教育水平、语言文字、社会结构等的总和。社会文化内容十分广泛,主要由两部分组成:一是全体社会成员所共有的基本核心文化;二是随时间变化和外界因素影响而容易改变的社会次文化或亚文化。不同国家、不同地区的人们有着不同的社会文化,消费心理和消费行为也千差万别。因此,对于市场营销人员来说,社会文化环境是又一个不可忽视的重要因素。

1. 价值观念

价值观念就是人们对客观事物的态度和看法。在不同的文化背景下,人们的价值观念相差很大。不同的价值观念,产生不同的消费行为和消费方式。例如,以美国为代表的西方文化崇尚"享受"和"先出后入"的消费观念,文娱产品和服务市场很大;而以东亚国家为代表的东方文化大都崇尚"勤俭节约",消费原则是量入为出,物美价廉、经济实用、经久耐用的产品更受欢迎。因此,企业在营销活动过程中,应充分考虑不同的价值观念的重要影响,从而采取不同的市场营销组合策略。

2. 风俗习惯

风俗习惯是人们根据自己的生活内容、生活方式和自然环境,在一定的社会条件下长期形成并世代相传的,约束人们思想和行为的规范。风俗习惯包括在饮食、服饰、婚丧、信仰、节日、人际关系等方面,表现出的独特的心理特征、伦理道德、行为方式和生活习惯。风俗习惯对消费者心理和行为会产生很大影响,从而形成相对稳定的消费习惯和消费偏好。企业营销活动应充分了解目标市场消费者的禁忌、习俗、避讳、信仰、伦理以及它们对消费者的消费喜好、消费模式、消费行为等产生的影响。例如,中国的元宵节、端午节和中秋节就有吃元宵、粽子和月饼的习俗,西方国家的圣诞节要互送圣诞贺卡、圣诞树、礼品。企业营销者应了解和注意不同国家、民族的风俗习惯,针对性地做好市场营销活动。

3. 宗教信仰

宗教信仰属于一种特殊的社会意识形态和文化现象。不同的宗教信仰有着不同的文化倾向和戒律,从而影响着人们的价值观念和行为准则,影响着人们的消费行为。尤其是在有些信奉宗教的国家和地区,宗教信仰对市场营销影响力非常大。不同的宗教信仰禁忌也不一样,这些信仰和禁忌限制了他们的消费行为。因此,企业应充分了解不同地区、不同民族及不同消费者的宗教信仰,提供适合其需求的产品,制定适合其特点的营销策略。否则,会触犯宗教禁忌,失去市场机会。因此,了解和尊重消费者的宗教信仰,对企业营销活动具有重要意义。

4. 语言

语言是人类重要的交际工具,也是不同文化之间最明显的标志。要想进入某个市场,就必须掌握市场所在地区的语言,通过使用当地的语言进行交流,向顾客介绍自己的产品和服务,了解顾客的需求,来刺激顾客的购买欲望。不懂当地语言且不能做出正确的翻译,就会影响营销活动,解决语言障碍在国际营销中尤为重要。例如,可口可乐公司在1927年进入中国市场时,将Coca-Cola译为"蝌蝌啃蜡",独特的口味和古怪的名字使得市场销售寥寥无几。后来可口可乐公司登报以350英镑求得"可口可乐"这个朗朗上口且体现品牌核心概念"美味与快乐"的名字,从此打开了销路。金利来商标是公司创始人曾宪梓先生1970年亲自设计的,牌名GOLDLION的中文译意为"金狮",是喜庆吉祥的象征,狮为百兽之王,喻示在服饰行业里,独占"男人世界"的鳌头,具有王者的风采。但是粤语"金狮"和"尽输"谐音,为避免有的顾客犯忌,便把英文拆开来译,GOLD 意译为"金",LION 音译为"利来",便成了今天的"金利来"。中文牌名的改动,既不失原来金狮的王气,又含有金利滔滔的吉兆,牌名响亮,雅俗咸宜,大受欢迎。

(世界掀起学习汉语的浪潮)

(六)自然环境

自然环境是自然界提供给人类的各种物质财富,一个国家或地区的自然环境包括自然资源、地形地貌和气候条件等,这些因素都会不同程度地影响企业的营销活动,有时这种影响对企业的生存和发展起决定性作用。自然资源日益短缺,环境污染加重,有限且不可再生的能源供不应求,这些严重影响人类的生存和发展,也给企业市场营销带来了机会和威胁。例如公众对环境的关心,对于高污染企业就是环境威胁,对于从事新能源开发和利用的企业就是市场机会。因此,企业要避免由自然环境带来的威胁,最大限度地利用环境变化可能带来的市场营销机会。这就要求企业能够不断地分析和认识自然环境变化的趋势,根据不同的自然环境情况来制订市场营销组合策略。

企业案例

自然资源日益短缺,环境污染加重,已严重威胁我们的生活,全球各国都在大力发展新能源汽车,倡导绿色环保出行。比亚迪新能源技术不仅在国内领先,在欧洲市场的影响力也十分深远。

2021 年 5 月 19 日,比亚迪第 100 万辆新能源汽车——汉 EV 正式举办下线仪式,成为首个进入新能源汽车"百万辆俱乐部"的中国品牌。

同时,比亚迪宣布,计划在年内向挪威交付 1500 台唐 EV,首批 100 台下线,5 月底发运,三季度交付当地消费者。比亚迪国际化战略持续提速。

自 2003 年进入汽车行业,比亚迪作为新能源汽车的先行者,通过创新的技术和精准的战略,一路引领全球汽车行业变革。2004 年,比亚迪纯电动概念车 ET 亮相北京车展,这是中国举办的国际性车展上首次出现新能源汽车的身影;2008 年,全球首款量产插电式混合动力新能源汽车——F3 DM 正式上市;2020 年,产品性能创"12 项全球之最,9 项中国之最"的"汉"正式上市并带来了颠覆性的影响,持续热销,成为比肩 BBA 的中大型 C 级轿车。从 2008 年开始量产电动汽车至 2021 年,比亚迪仅用 13 年便完成了新能源"百万战绩",是全球最快量产 100 万辆电动汽车的企业。

新能源汽车已成为全球汽车产业转型发展的主要方向和促进世界经济持续增长的重要引擎。

比亚迪股份有限公司董事长兼总裁王传福表示:"比亚迪肩负着中国新能源汽车品牌向上发展的责任使命。从0到100万辆,是比亚迪引领全球汽车行业变革,交出的一份答卷;也是中国新能源汽车产业从无到有、从小到大,实现传统汽车大国迈向新能源汽车强国的波澜历程。"

四、任务实施

(一)实施要求

明确围绕"肯德基在中国香港市场营销成败"这一主题进行讨论交流。要求:①宏观环境因素准确、全面;②各因素影响分析到位;③条理清晰、仪态大方得体,具有感染力。

(二)实施过程

1. 写下自己找出的宏观环境影响因素及其影响。

2. 记录同组同学找出的宏观环境影响因素及其影响。

_____
_____
_____

3. 派代表汇总同学的观点并在班级内交流。

五、任务评价

项目二"发现市场机会"考核中有三项任务,总分为 100 分。任务一"市场营销宏观环境"讨论交流占 40 分,其评价分值和标准如表 2.1 所示。

表 2.1 "市场营销宏观环境"讨论交流评价标准

评价指标	基本完成任务	突出完成任务	评价成绩(40 分)
交流内容(20 分)	找出宏观环境因素(6 分) 描述影响结果(6 分)	因素判断准确(4 分) 结果描述贴切(4 分)	
交流表述(10 分)	表达清楚(3 分) 表达有条理(3 分)	流畅、熟练(2 分) 语速适中(2 分)	
交流表情(10 分)	表情自然、舒展(5 分)	表情丰富(3 分) 具有吸引力(2 分)	

六、课后自测

(一)单项选择题

1. 市场营销环境中( )被称为是一种毁灭性力量。

　　A. 自然环境　　　B. 政治法律　　　C. 科学技术　　　D. 社会文化

2. ( )是衡量一个国家经济实力与购买力的重要指标。

　　A. 国民生产总值　　　　　　　　B. 人均国民收入

　　C. 个人可支配收入　　　　　　　D. 个人可任意支配收入

3. 价值观念属于( )因素。

　　A. 政治环境　　　B. 文化环境　　　C. 经济环境　　　D. 地理环境

(二)简答题

社会文化环境包括哪些主要因素?

任务二　市场营销微观环境

一、任务描述

要求每位同学认真阅读以下案例,对"导致二战后彭尼公司滑坡的原因"进行探究,找出影响企业的微观环境因素,分析这些因素的影响结果。并在小组内进行交流讨论,形成小组共同观点,小组派一名代表在班级内交流。

企业案例

彭尼公司是美国大型零售商店之一,成立于1902年。8年以后,它发展成为遍布美国西部各州的26家连锁商店。在以后的30年间,它的发展极为迅速,到1940年已经拥有1585家商店。彭尼公司的巨大成功,来自它的经营特色:

1. 只限于在小城镇开店

店铺大多开在密西西比州西部的小镇。在这样的小镇上,彭尼公司的经理工资最高、地位显赫,被尊为当地人的朋友,他们的商店也受到了爱屋及乌的礼遇。

2. 现金交易

彭尼公司极力提供最优质的商品,而且尽可能把价格压到最低限度,这样一来顾客乐于付款,也乐于把商品带回家。由于商店坚持以货真价实为宗旨,不搞门面装饰,因而管理费用极低,在售价低的情况下,也有利可图。

3. 销售品种有限

彭尼公司的商店大多分布在小城镇,销售产品主要限于服装和家具,这样一来质量更容易获得保证。二战后,彭尼公司恪守的经营原则受到了严重的挑战,市场占有率不断下降。而同期,另一家大型连锁店西尔斯的市场占有率却在不断上升。请思考,是什么原因导致二战后彭尼公司的滑坡呢。

二、任务要求

首先要求每位同学自行认真探究,形成自己观点;然后小组内成员积极参与讨论交流,理论结合实际,小组讨论交流后结合考核指标进行互相点评;最后,师生联合评出小组交流的团队成绩。

三、知识链接

微观市场营销环境包括企业内部环境和企业外部环境。这些微观环境都直接制约企业的市场营销活动。企业内部环境是指企业内部各部门的关系及其工作效果;企业外部环境包括原材料、设备、资金、能源供应商、中间商、竞争者、社会公众及顾客的活动和反应等。

(行业竞争分析法——波力五力模型)

(一)企业自身

企业是一个复杂的整体,内部由各职能机构组成,企业各部门的工作相对独立又相互联系、相互影响,形成企业的整体性、系统性及相关性。企业的市场营销活动不是部门的孤立行为,要受到其他部门如高层管理、财务、研究与发展、采购和生产等部门的影响。因此,营销活动要充分考虑企业的整体情况,并使各个部门密切合作,结合最高层制定的企业任务、目标、战略等,共同制定营销方案。

(二)供应商

供应商是指企业组织活动所需的各类资源和服务的供应者。供应商所提供的资源主要包括资金、设备、原材料、能源、劳务等。供应商和企业之间是一种协作关系,两者配合的密切程度,会对企业市场营销管理的绩效产生很大影响。如供货商提供的原材料质量会直接影响到企业产品的质量;供货商提供材料的及时性会影响到企业的生产能否正常进行;供货商提供的材料价格会影响到企业的生产成本、销售价格、市场占有率及利润实现程度。所以,企业要做好市场营销就要慎重选择供应商。

企业与供应商的关系很微妙,在利益上既相互依存又互相冲突。供应商可以向多家企业供货,企业也可以向不同的供应商订货。

选择供应商时需要考察供应商的信誉、可供物资的规格标准、产品质量、交货及时性和准确性、价格、售后服务等。为避免价格竞争而出现的供应物资质量参差不齐或供应商负担过重而放弃合作,越来越多的企业和供应商建立战略合作伙伴关系,双方资源共享、共同努力,在确保质量的前提下提高供应能力。

企业应根据不同的供应商在物资、资金供应中的地位和作用,将供应商区别对待。对于那些为企业提供必需物资的极少数重点企业,应特殊对待,以保证得到各类资源有效、及时地供应。

(三)营销中介

营销中介是指协助企业进行促销、销售以及配销等经营活动的中介组织,是营销活动中必不可少的中间环节。

1. 中间商

中间商是协助企业寻找客户并参与产品销售的商业性组织,也称流通企业。中间商分为经销中间商和代理中间商。经销中间商即从事商品购销活动,并对所经营的商品拥有所有权的中间商,如批发商、零售商等。代理中间商,即协助买卖成交,推销产品,但对所经营的产品没有所有权的中间商,如经纪人、制造商代表等。中间商是联系企业和顾客的桥梁,其工作效率和服务质量直接影响企业产品的销售状况。

2. 物流公司

物流公司是协助厂商储存并把货物运送到目的地的企业,物流公司的作用在于使营销渠道中的货物畅通无阻,为企业创造时间和空间效益。近年来,随着仓储、运输手段的多元化和现代化,物流公司的功能日益健全,作用日益重要。

3. 营销服务机构

营销服务机构主要包括市场调研公司、广告公司、信息咨询公司、财务公司、媒体等,它们提供的专业服务是企业营销活动不可缺少的,能帮助企业正确定位目标市场和促销产品。尽管有些企业设立有相关的部门和人员,但许多企业还是委托专业性的营销服务机构来完成某些营销工作。企业在选择营销服务机构时,应当比较各服务机构的服务特色、服务质量和价格,以获取最适合自己的有效服务。

4. 金融机构

金融机构主要包括银行、信贷公司、保险公司以及能够为企业提供金融支持或降低货物购销风险的各种机构。尤其是在现代经济生活中,企业的负债经营与购销活动中风险因素的增加,使得几乎每一个企业都与金融机构保持一定的联系和业务往来。企业的贷款来源、银行的贷款利率和保险公司保费的变动,无一不直接影响着企业的整体利润水平和市场营销效果。因此,企业必须和金融机构建立密切的联系,以保障其资金渠道畅通。

(四)顾客

顾客是企业的服务对象,是企业的产品和服务的直接购买者或使用者,既是企业的目标市场,也是企业营销活动的出发点和归宿,企业营销的最终目的就是通过有效地向顾客提供产品或服务满足顾客的需求。任何企业的产品只有得到了顾客的认可,才能顺利进行交易,从而达到预期的营销成果。时刻了解顾客对企业及其竞争对手所提供的产品或服务的态度,是营销企业极其重要的基础工作。营销企业的顾客来自不同的市场,包括消费者市场、组织机构市场、中间商市场、政府市场与国际市场。企业只有分别了解不同市场顾客的需求特点与购买行为,才能在营销活动中进行适当的市场定位,从而制定出切实可行的营销战略。例如:小米采用让"米粉"发声,共研产品的模式为其赢得了大量的客户。小米的口号"为发烧而生"正是小米手机的设计理念:让"发烧友""米粉"共同参与研发,让用户通过"小米论坛""米聊号"等一系列平台说出自己对手机的期待或者对现在手机的不满,根据用户的想法进行研发。小米与客户的互动不仅培养了客户的忠诚度,而且做出了好产品。

(小米入选《麻省理工科技评论》)

(五)竞争者

竞争者是指与本企业存在利益争夺关系的其他经济主体。企业要想在市场竞争中获得成功,就必须比竞争者更有效地满足消费者的需要与欲望。企业所要做的并非仅仅迎合目标顾客的需要,而是要通过有效的产品定位,使得企业产品与竞争者产品在顾客心目中形成明显差异,从而取得竞争优势。竞争者主要包括以下几类。

1. 欲望竞争者

指提供不同产品以满足顾客当前各种欲望的竞争者。消费者的需求是多方面的,但购买力是有限的,很难同时满足,在某一时刻只能满足其中的部分需要。消费者需要考虑自己的经济预算和欲望程度,最终的决策往往离不开提供不同产品的厂商,为争取该消费者成为现时顾客所做的努力。

2. 属类竞争者

指提供不同产品以满足同一种需求的竞争者。属类竞争者是决定需要类型之后的次级竞争,也称平行竞争。例如,消费者要满足吃的欲望,他可以选择水果、零食、面包等产品,这些产品的生产经营者的竞争,将影响消费者的选择。

3. 产品形式竞争者

指满足同一需要产品的各种形式间的竞争者。同一产品,规格、型号不同,性能、质量、价格各异,消费者将在充分搜集信息后做出选择。例如,消费者选择了饮料来满足自己喝的欲望,他可以选择概念饮料、果汁、纯净水等,这些产品的生产经营者就是对方的产品形式竞争者。

4. 品牌竞争者

指满足同一需要的同种形式产品不同品牌之间的竞争。如选择了纯净水的顾客,可在同一规格的农夫山泉、怡宝、百岁山等品牌之间进行选择。

(六)公众

公众是指对企业实现其市场营销目标构成实际或潜在影响的任何团体。企业的营销活动会影响公众的利益,也会影响企业在公众心目中的形象,公众对企业的印象反过来会影响企业营销活动的效果。例如,一个对周边环境造成严重污染的企业,会引起当地公众的反感、媒体的批评、政府有关部门的制裁、金融机构的惜贷等一系列连锁反应。良好的公众印象可以对企业的营销活动起到促进作用。例如,北京的亿客隆超市,在其周围已经有了燕莎望京店、华联店、家乐福等一批"重量级"的超市、卖场的情况下，依赖为各居民区开设购物车服务，免费接送顾客，同时为顾客提供相关信息等服务，在顾客中树立了极佳的口碑，不仅在竞争中立住了脚跟，还把业务拓展到了20公里以外。公众主要包括以下几类。

1. 金融公众

即影响企业取得资金能力的任何集团，如银行、投资公司等。

2. 媒体公众

即报纸、杂志、广播、电视等具有广泛影响的大众媒体。

3. 政府公众

即负责管理市场秩序的有关政府机构。

4. 群体公众

即各种消费者权益保护组织、环境保护组织、少数民族组织等。

5. 企业内部公众

如董事会、经理、职工等。

6. 一般公众

这些公众并不购买企业产品，但影响消费者对企业及产品的看法，企业要争取在一般公众心目中建立良好的企业形象。

企业案例

近年来，面对电商冲击和消费者购买习惯变化，特别是受新冠感染疫情影响，一些传统商超、商场、百货企业等加快数字化转型，如推出社区团购小程序、开展直播带货或者线上卖货、运用数字化管理系统提升全渠道经营效率等，取得明显成效。专家表示，实体零售业应将数字技术、业务和经营管理进行深度融合，围绕消费者创新增长模式，重构整体价值链和生态体系。

上海市大润发杨浦店就给了客户不错的购物体验。在店里，家电、纺织品、生鲜、快消品等各类商品摆放有序，货架变低了，灯光更适宜。通过"云货架"屏幕能筛选商品，了解价格、功能等商品详情，还可以扫码购买。在结算处，可以选择自助结账机，将商品条码对准扫码口，逐次扫码商品，然后进行线上支付。

大润发杨浦店是老牌零售企业近年来数字化转型的一个缩影。该店店长介绍："我们店是大润发2017年决定数字化转型的第一个门店，疫情大大推进了转型步伐。"以水果为例，线下陈列比较有限，但线上可提供100多种，通过销量数据还能不断对商品进行淘汰升级。目前，该店每天通过大润发优鲜App等平台下单的数量近5000单，较疫情发生前增长了一倍。

实体零售业为何要向数字化转型？一方面，来自其自身遇到的发展瓶颈。随着电子商务兴起和消费者购物方式变化，品类齐全、物美价廉的实体零售业优势逐渐减弱，转型成为现实问题。另一方面，疫情对实体零售业造成巨大冲击。出于疫情防控需要，顾客外出购物频次大幅减少，众多实体门店客流下滑明显。国家统计局公布的数据显示，虽然2020年限额以上零售业单位中的超市零售额比上年增长3.1%，但百货店、专业店和专卖店分别下降9.8%、5.4%和1.4%。

四、任务实施

（一）实施要求

明确围绕"导致二战后彭尼公司滑坡的原因"这一主题进行讨论交流。要求：①准确找出导致二战后彭尼公司滑坡的微观环境因素；②能对各个因素进行正确分析；③交流过程流畅；④仪态大方。

（二）实施过程

1. 写下自己找出的影响企业的微观环境因素，分析这些环境的影响结果。

_____
_____
_____
_____
_____
_____

2. 记录其他同学找出的影响企业的微观环境因素，分析这些环境的影响结果。

_____
_____
_____
_____
_____
_____

3. 派代表汇总同学的观点并在班级内交流。

五、任务评价

项目二"发现市场机会"考核中包含三个任务,总分为100分。任务二"市场营销微观环境"讨论交流占40分,其评价分值和标准如表2.2所示。

表2.2 "市场营销微观环境"讨论交流评价标准

评价指标	基本完成任务	突出完成任务	评价成绩(40分)
交流内容(20分)	找出微观环境因素(6分) 描述影响结果(6分)	因素判断准确(4分) 结果描述贴切(4分)	
交流表述(10分)	表达清楚(3分) 表达有条理(3分)	流畅、熟练(2分) 语速适中(2分)	
交流表情(10分)	表情自然、舒展(5分)	表情丰富(3分) 具有吸引力(2分)	

六、课后自测

(一)多项选择题

1. 企业资源包括三类资源,分别是(   )。
A. 有形资源　　　B. 无形资源　　　C. 人力资源　　　D. 信息资源
E. 财力资源

2. 营销环境包括(   )。
A. 宏观环境　　　B. 企业内部环境　　C. 自然环境　　　D. 经济环境
E. 行业环境

(二)简答题

企业核心能力的评价标准是什么?

任务三　市场营销环境 SWOT 分析

一、任务描述

要求每位同学认真调研中国邮政,列举出中国邮政面临的外部和内部因素并进行独立分析,给出市场机会、市场威胁矩阵;建立公司绩效的优势/劣势分析检查表并分析企业内部环境,在小组内进行交流,归纳出综合环境分析矩阵和企业内部环境分析结论,做出 SWOT 分析图。小组派一名代表在班级内交流。

二、任务要求

要求小组内成员独立完成任务,积极参与讨论交流,形成小组共识,讨论交流后结合考核指标进行互相点评,最后师生联合评出小组交流的团队成绩。

三、知识链接

(一) SWOT 分析法的含义

SWOT 分析法是用来确定企业自身的竞争优势、竞争劣势、机会与威胁,从而将公司的战略与公司内部资源、外部环境有机地结合起来的一种分析方法。S(strengths) 是优势、W(weaknesses) 是劣势、O(opportunities) 是机会、T(threats) 是威胁。按照企业竞争战略的完整概念,战略应是一个企业"能够做的"(即组织的强项和弱项)和"可能做的"(即环境的机会和威胁)之间的有机组合。

按系统论的观点,企业与外部环境共同形成一个大系统。企业内部与外部环境是这一大系统中的两个子系统,两者必须相互配合,才能产生系统效应。而从企业角度看,外部环境这一子系统是企业不能控制的客观条件,处于不断变化中。所以,企业必须经常对自身系统进行调整,才能适应外部环境的变化。

外部环境的变化对任何一个企业产生的影响都可以从两方面进行分析:一是对企业市场营销有利的因素,即企业的环境机会;二是对企业市场营销不利的因素,即企业的环境威胁。

SWOT 分析的目的就是通过搜集大量有关环境的信息,并结合企业自身的优势和劣势,从中判定出企业面临的机遇和挑战,从而为企业营销战略、战术的制定及实施和调整提供依据。

（SWOT 分析）

（二）SWOT 分析法的内容

1. 外部环境分析（OT 分析）

（1）市场机会分析。

所谓市场机会是指营销环境中对企业市场营销有利的各项因素的总和。市场机会是无限的，它并不全是企业机会。发掘市场机会是企业市场营销管理的一项重要使命。有效地捕捉和利用市场机会，是企业营销成功和发展的前提。企业只有密切注视营销环境变化带来的市场机会，适时做出适当评价，并结合企业自身的资源能力，及时将市场机会转化为企业机会，才能开拓市场，扩大销售，提高企业市场占有率。分析评价市场机会主要考虑两个方面：一是机会给企业带来的潜在吸引力的大小；二是机会出现的概率的大小。一般用市场机会矩阵图来分析与评价，如图 2-1 所示。

	成功概率大	成功概率小
潜在的吸引力 大	1	2
潜在的吸引力 小	3	4

图 2-1　市场机会矩阵

区域 1：成功概率比较大且潜在吸引力大。这是企业最有利的市场机会，企业应竭尽全力谋发展。

区域 2：成功概率比较小但潜在吸引力大。企业应分析成功概率小的原因并设法改善不利条件，把此区域的市场机会逐步改善并过渡到区域 1，成为最有利的市场机会。

区域 3：成功概率比较大但潜在吸引力小。大型企业对这种机会一般不会积极加以利用。但中小型企业却可以利用，这种市场所产生的利润足够中小企业的生存和发展。

区域 4：成功概率比较小且潜在吸引力也小。此时市场机会小，企业往往采取放弃策略，同时企业应积极改善自身的条件以适应新的环境。

（2）环境威胁分析。

所谓环境威胁是指营销环境中对企业营销不利的各种因素的总和。企业面对环境威胁，如果不果断采取营销措施，这种不利的环境趋势就会伤害企业的市场地位，甚至使企业陷入困境。

因此,营销者要善于分析环境发展趋势,识别环境中潜在的威胁,并正确认识和评估威胁出现的概率大小和对企业的影响程度,针对性地制订应对计划。为了分析问题的方便,一般用威胁矩阵图进行分析,如图2-2所示。

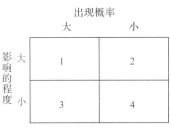

图2-2　威胁矩阵

区域1:威胁出现的概率大,影响程度大,企业必须高度重视,必须严密监控其动态,根据预测的发展变化趋势尽早制定应变策略。

区域2:威胁出现概率低,但影响程度大,一旦出现将给企业营销带来巨大危害。

区域3:威胁出现的概率高,影响不大,企业应该予以关注,准备应对措施。

区域4:威胁出现概率小,影响也小,注意观察其变化发展趋势,看是否有向其他区域发展的可能。

企业在对市场营销环境进行分析和评价的基础上,采取相应的对策,把握市场机会,避免环境威胁。

企业面对市场机会可以选择以下策略:①抢先。市场机会的均等性和时效性决定了企业在利用机会的时候必须抢先一步,争取主动。要将市场调查形成机制,密切监测市场营销环境各个因素变化的情况,并分析其变化趋势,把握市场机会,先声夺人,赢得主动。②创新。自己觉察到的这些机会别人也能觉察到,这就要求企业在利用市场机会时一定要大胆"创新",必须打破常规、常法,善于发现别人没有发现的新方法,靠技术创新提高企业的竞争实力。③应变。企业不可能永远在同一个市场获利。要想在竞争中立于不败之地,就要在利用市场机会之初考虑市场机会的可变性,有预见性地提出应变策略。

企业面对环境威胁可选用三种策略:①反抗策略。反抗策略是指企业利用各种不同手段,限制不利环境对企业的威胁或者扭转不利因素促使其向有利方面转化,是企业最为积极、主动的策略。②减轻策略。即通过调整市场营销组合,改变营销策略,以减轻环境威胁的严重性。当企业面临环境威胁时,可以发挥自身的主观能动性去影响环境,通过调整、改变自己的营销组合策略,将损失尽量降到最低。③转移策略。企业无法反抗或减轻所面临的环境威胁时,可以通过改变自己受到威胁的产品现有市场,或者将投资方向转移来避免环境变化对企业的威胁。企业可以从三个方面实现转移:一是产品转移,如果产品威胁只来自于局部市场,就将产品转移到其他市场;二是市场转移,将企业的营销活动转移到新的细分市场上去;三是行业转移,将企业的资源转移到更有利的新行业中去。例如,烟草公司在反抗策略、转移策略都不成功的时候,可以适当减少香烟业务,将资金投入其他更好的领城,实行多样化经营。

对于任何一个企业来说,都是机会与威胁并存的,并且可能在一定条件下相互转化。当机会来临时,若企业把握好了,则能充分利用机会打败对手,发展壮大自己;反之,企业则会渐渐失去优势,失去发展良机。同样,当企业面对威胁时,如果能灵活应变,则可以变不利为有利,为企业找到一个新的发展机会。

2. 内部环境分析(SW 分析)

企业内部环境分析可以用"公司绩效的优势/劣势分析检查表"(见表 2.1)。表中关于企业能力的四个主要方面,即营销能力、资金能力、制造能力、组织能力,每一要素分成特强、稍强、中等、稍弱和特弱等五级。虽然公司不能纠正所有劣势,也不能对其优势全部加以利用,但可以利用现有优势把握机会,利用优势克服威胁,创造条件改变劣势。

表 2.1　公司绩效的优势/劣势分析检查表

企业能力	绩效					重要性		
	特强	稍强	中等	稍弱	特弱	高	中	低
营销能力								
1. 公司信誉								
2. 市场份额								
3. 顾客满意								
4. 顾客维系								
5. 产品质量								
6. 服务质量								
7. 定价效果								
8. 分销效果								
9. 销售人员效果								
10. 促销效果								
11. 创新效果								
12. 地理覆盖区域								
资金能力								
13. 资金成本或利用率								
14. 现金流量								
15. 资金稳定								

续表

企业能力	绩效					重要性		
	特强	稍强	中等	稍弱	特弱	高	中	低
制造能力								
16.设备								
17.规模经济								
18.生产能力								
19.高凝聚力员工队伍								
20.按时交货的能力								
21.技术和制造工艺								
组织能力								
22.有远见和有能力的领导								
23.高素质的员工队伍								
24.组织制度完善								
25.公司弹性和适应能力								

3.综合环境分析

(1)外部环境中机会与威胁综合分析。

在客观环境中,单纯的机会和威胁很少见。威胁与机会同在,机遇与挑战并存是常态,根据对市场营销环境变化所带来的机会与威胁的评价,形成综合环境分析矩阵图(见图2-3)。

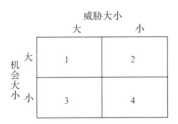

图2-3 综合环境分析矩阵

区域1为冒险业务。市场机会大,威胁也大。这种状况一般出现在新兴行业的产品研发时期,如果企业足够重视,处置得当,就能把握时机,抓住机遇,进入新领域,获得竞争优势。

区域2为理想业务。市场机会大,威胁小。这种状况一般出现在有发展前景的新兴行业成长期,技术比较成熟,市场容量很大且近期无法满足,竞争者较少,所以很多企业争相进入。企业应该把主要精力放在对这种环境的检测和改变上。

区域3为困难业务。市场机会小,威胁大。这种状况一般出现在成熟行业的衰退期,替代产品不断涌现,市场容量基本饱和,企业间的竞争非常激烈,甚至出现过度竞争。企业应尽量回避此类业务。

区域 4 为成熟业务。市场机会小,威胁小。这种状况一般出现在一些传统行业,产品和技术都很成熟,市场竞争格局稳定、利润均衡,对新进入者吸引力不大。企业要保持这一市场,并且不断开发新产品,开辟新领域,保持企业可持续增长。

(2)内外环境综合分析(SWOT 分析)。

在进行 SWOT 分析时,首先将企业内部因素中的优势和劣势集中起来,然后根据外部环境对这些因素进行评估,分析出有利于企业的机会和可能对企业发展存在的现实与潜在的威胁。通过企业内外环境因素的综合分析,按以下步骤建立一个 SWOT 分析表。

第一步,识别出企业所有的优势因素,并分成两组。其中一组因素与行业中潜在的机会有关,而另一组因素则与行业中潜在的威胁有关。

第二步,识别出企业所有的劣势因素,并分成两组。其中一组因素与行业中潜在的机会有关,而另一组因素则与行业中潜在的威胁有关。

第三步,建立一个矩阵,每格占 1/4。

第四步,将公司的优势因素和劣势因素与行业机会和威胁因素进行配对,找出企业能够把握机遇的优势和可以克服威胁的优势(见图 2-4)。

	内部环境因素	
外部环境因素	优势	劣势
机会	1	2
威胁	3	4

图 2-4 SWOT 分析图

SWOT 分析图表明公司内部的优势和劣势与外部环境的机会和威胁的平衡,根据以上 SWOT 分析图,我们可以为企业进行相应的决策:

企业面对现有的市场机会,具有营销优势,利用这些机会,把握时机,这是企业真正的优势。

企业目前所在的领域潜在机会大,但企业处于劣势。有两种选择:一是改变劣势,重新抓住机会;二是放弃机会,并不是所有的机会都是企业的,企业只需要发挥优势,而不必花太多精力去改变劣势。

企业进入了一个威胁较大的行业,但具有较大营销优势,可以严密监视环境变化趋势,采取有利于企业的措施,充分发挥营销优势,变威胁为机会。

企业对于市场威胁大、营销处于劣势的经营环境,应该立即采取放弃策略,另辟发展途径。

企业案例

某烟草生产企业面临如下市场环境(见图 2-5):①发展中国家吸烟人数增加;②烟草生产

企业所在省将烟草业列为"十一五"支柱产业;③国家规定所有的香烟包装上都必须印上"吸烟有害健康"的警告;④有些国家或地区的某些地方政府禁止在公共场所吸烟;⑤研究发明用莴苣叶制造无害烟叶的方法;⑥医学界正在研制一种消除尼古丁的新方法;⑦烟草营销受国家烟草法律法规约束;⑧许多发达国家吸烟人数下降。

对市场营销环境因素进行分析,发现①②是对烟草企业吸引力大,且是成功率较大的外部环境因素;⑤的成功率较高,但市场吸引力不大,因为烟草由莴苣叶替代后,烟的品质发生改变,烟民不接受,没有需求;⑥的吸引很大,事实上许多烟草企业多年来一直致力于研究消除烟草内的有害元素,但成功的可能性较低。

而环境带给企业的威胁主要是⑧④,直接使烟草需求下降,国外烟草进军国内市场竞争;③对烟民起到一定的警示作用,潜在威胁大,但暂时烟民的意识没有提高,现实影响不大;⑦的影响并不大,企业不进行广告、促销,但利用公共关系树立烟草企业形象成功率是很高的,因此,算不上威胁。

图 2-5 环境分析矩阵

从综合环境分析矩阵图可以看出,烟草是一个冒险的行业,但目前在我国,特别是一些省将烟草列为传统产业中的支柱产业,是暂时的理想行业,但随着消费者意识的提高,人们自觉戒烟,并且在中国香港一些地区出现了政府禁烟令。因此,从发展趋势来分析,烟草行业是一个高风险、高回报的冒险行业,烟草企业应该适时把握机遇,并适时调整产品结构,开发新领域。

分析该烟草生产企业微观环境因素,找出企业内部的优势,分析优势,把握当前机会,并改进劣势(见表2.2)。

表2.2 公司绩效的优势/劣势分析检查表

	绩效(分值)					重要性(权数)			期望
	特强(10)	稍强(8)	中等(6)	稍弱(4)	特弱(2)	高(10)	中(6)	低(4)	分值×权数
营销能力									
1.公司信誉		8				10			80
2.市场份额				4			6		24
3.顾客满意		8				10			80

续表

企业能力	绩效（分值）					重要性（权数）			期望
	特强(10)	稍强(8)	中等(6)	稍弱(4)	特弱(2)	高(10)	中(6)	低(4)	分值×权数
4.顾客维系			6			10			60
5.产品质量		8					6		48
6.服务质量			6					4	24
7.定价效果	10						6		60
8.分销效果				4		10			40
9.销售人员效果		8					6		48
10.促销效果		8						4	32
11.创新效果	10					10			100
12.地理覆盖区域				4		10			40
资金能力									
13.资金成本或利用率	10					10			100
14.现金流量		8					6		48
15.资金稳定		8					6		48
制造能力									
16.设备		8					6		48
17.规模经济		8					6		48
18.生产能力		8						4	32
19.高凝聚力员工队伍		8				10			80
20.按时交货的能力		8					6		48
21.技术和制造工艺		8				10			80
组织能力									
22.有远见和有能力的领导		8				10			80
23.高素质的员工队伍			6			10			60
24.组织制度完善		8				10			80
25.公司弹性和适应能力			6			10			60

表格指标说明：

重要性为 10 的因素，期望值≥80 为优势因素，期望值≤60 为劣势因素；重要性为 6 的因素，期望值≥48 为优势因素，期望值≤36 为劣势因素；重要性为 4 的因素，期望值≥32 为优势因素，期望值≤24 为劣势因素。

以上企业优势主要表现在：企业信誉、顾客满意、创新能力、企业资金能力、领导能力、企业凝聚力方面；企业劣势主要表现在：员工素质、市场份额、顾客类服务质量、分销效果、地区覆盖及企业适应能力、应变能力方面。根据企业优劣势及外部机会与威胁，做 SWOT 分析图（见图 2－6 所示）。

	O 机会	T 威胁
	发展中国家吸烟人数增加，烟草业被列为支柱产业	政府禁止在公共场所吸烟，发达国家吸烟人数下降
S 优势	SO	ST
公司信誉好 资金能力强 设备先进 领导能力强	利用公司信誉和政策开发新产品，充分利用政府支持机会，树立品牌形象，开发国内市场，扩大市场占有率	利用地方政府支持，游说政府制定有利于企业的政策，设立专门的吸烟室，利用吸烟有害健康限制外烟的进口
W 劣势	WO	WT
顾客满意度低 员工素质低 公司弹性/应变能力低	加大公益投入，树立企业社会形象，提高员工素质，把握政策机会，向多元化发展	重点放在国内市场和发展中国家市场，向相关产业转移，如向酒、食品行业转移

图 2－6　SWOT 分析图

四、任务实施

（一）实施要求

1. 收集资料

针对企业进行调研，收集企业相关资料。要求：收集资料完整、真实。

2. 小组内部讨论

形成小组内部观点。要求：①准确梳理出企业面临的环境因素；②对每一个环境进行分析；③形成综合分析矩阵；④建立公司绩效的优势/劣势分析检查表；⑤做出 SWOT 分析图。

3. 班级交流讨论

每一小组派代表阐述本组结论。要求：表述清楚、流畅；语速适中；表情自然；仪态大方得体,具有感染力。

(二)实施过程

1.收集资料,列出企业面临的环境因素。

_____
_____
_____
_____
_____

2.对环境因素进行分析。

_____
_____
_____
_____
_____

3.构建综合分析矩阵。

 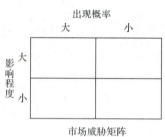 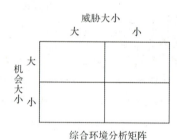

市场机会矩阵　　　　市场威胁矩阵　　　　综合环境分析矩阵

4.建立公司绩效的优势/劣势分析检查表(如表2.3所示)。

表2.3　公司绩效的优势/劣势分析检查表

企业能力	绩效					重要性		
	特强	稍强	中等	稍弱	特弱	高	中	低
营销能力								
1.公司信誉								
2.市场份额								
3.顾客满意								
4.顾客维系								
5.产品质量								

续表

企业能力	绩效					重要性		
	特强	稍强	中等	稍弱	特弱	高	中	低
6.服务质量								
7.定价效果								
8.分销效果								
9.销售人员效果								
10.促销效果								
11.创新效果								
12.地理覆盖区域								
资金能力								
13.资金成本或利用率								
14.现金流量								
15.资金稳定								
制造能力								
16.设备								
17.规模经济								
18.生产能力								
19.高凝聚力员工队伍								
20.按时交货的能力								
21.技术和制造工艺								
组织能力								
22.有远见和有能力的领导								
23.高素质的员工队伍								
24.组织制度完善								
25.公司弹性和适应能力								

5. 做出 SWOT 分析图。

	O 机会	T 威胁
S 优势	SO	ST
W 劣势	WO	WT

6. 派代表汇总小组的观点并在班级内交流。

五、任务评价

项目二"发现市场机会"考核中包含三个任务,总分为 100 分。任务三"市场营销环境 SWOT 分析"占 20 分,其评价分值和标准如表 2.4 所示。

表 2.4 "市场营销环境 SWOT 分析"讨论交流评价标准

评价指标	基本完成任务	突出完成任务	评价成绩(20 分)
交流内容(10 分)	找出宏观和微观环境因素(3 分) SWOT 分析(3 分)	因素判断准确(2 分) 分析结果准确(2 分)	
交流表述(10 分)	表达清楚(3 分) 表达有条理(2 分)	流畅、熟练(3 分) 语速适中(2 分)	

六、课后测试

简答题

1. 什么是恩格尔系数?恩格尔系数的高低分别代表什么?
2. 请阐述 SWOT 分析法的内容。

项目三 市场营销调研

课程思政

2014年,由工信部牵头,会同国家发改委、科技部、财政部、质检总局、工程院等20多个国务院有关部门,组织50多名院士、100多位专家编制了《中国制造2025》规划,提出了制造强国建设三个十年"三步走"的战略。

经过"三个十年",在建国一百周年的时候,最终要实现中国成为制造强国。第一个十年我们要进入世界强国之列;第二个十年我们要进入世界强国的中位;第三个十年我们要进入世界强国的领先地位。

《中国制造2025》旨在促进产业转型升级,实现制造业由大变强的历史跨越。这就需要培养一支门类齐全、技艺精湛、爱岗敬业的高技能人才队伍,造就技艺精湛的技能型人才,从而推动"中国制造"向"中国创造"的转变。市场调研工作需要调研人员牢牢树立社会主义核心价值观,深入一线,收集一手资料,具备实事求是、严谨务实的工作品质,这也正是大国工匠精神的重要体现。

学习目标

知识目标:认识市场调研的重要性。

掌握调查问卷设计方法。

掌握数据整理和分析的基本技能。

掌握市场调研方案撰写技能。

能力目标:要求学生在掌握市场调研方法的基础上重点提高分析问题和解决问题的能力。

素质目标:通过本项目任务实施,培养学生组织分工和合作能力。

任务一　制订市场调研计划

一、任务描述

要求学生根据调研主题制订有效的市场调研计划,从而掌握市场调研项目、调研资料来源、调研对象、时间、地点和市场调研方法。

二、任务要求

要求学生根据给定的材料确定市场调研主题,并在教师的指导下制订市场调研计划。

三、知识链接

（一）市场调研的重要性

市场调研包括市场调查和市场研究两方面内容,也就是指市场调研人员通过搜集、记录、整理、分析各类资料,有计划地了解市场和为企业提供可行的营销决策的过程。可以说企业的每一项营销活动都需要市场调研的支持和验证。市场调研对于企业营销的重要性主要体现在以下几个方面。

1. 市场调研有利于企业制定有效的营销策略

市场调研前期需要搜集大量的市场信息,这些信息的收集和分析可以帮助企业确立营销方向,并且制定行之有效的营销策略,为企业良性的经营发展提供基础。

2. 市场调研是企业了解认识目标顾客需求的基础

当今时代,随着人们物质生活水平的提高,消费者需求变化越来越快。同类产品的竞争随之也越来越激烈。企业通过市场调研,可以对消费者的需求进行细分,寻找目标市场,寻找市场空缺,开发能够满足消费者的不同需求的市场,并采取适当的营销手段,满足目标消费人群的需求。

3. 市场调研有利于提高企业的竞争力

通过市场调研,企业可以了解市场需求的变化,及时调整产品、价格、渠道、促销等营销策略,避开竞争对手,寻找差异化的竞争策略。同时通过对调研资料的收集,也能了解到竞争对手的经营策略和发展动向,有利于企业针对性地开展营销活动,提高企业的竞争力。

(市场调研:让消费者说真话,洞悉消费者真实心理)

(二)制订调研计划

1. 确定市场调研主题

确立市场调研主题是市场调研的第一步,这是市场调研活动正确性和有效性的保障。企业在市场调研的过程中很可能会遇到很多问题,但是调研人员需要对问题进行分析和取舍,找出企业目前经营过程中首先要解决的问题,作为调研的主题。调研主题的确立要具体、有针对性,范围不要太宽也不要太窄。

2. 制订市场调研计划

制订市场调研计划是市场调研的第二步,是整个市场调研活动的行动指南,制订计划的目的就是提高市场调研的工作效率。计划是一个系统工程,尽可能具体、明确、全面。一般而言,一份完整的市场调研计划内容包括调研主题、资料收集、调研对象、时间、地点、调研方法、费用预算、调研分工等。

企业案例

山东秦老太食品有限公司成立于1993年,是一家致力于挖掘中华传统养生食品及文化的公司。公司销售网络以大型超市为主,电子商务为辅,拥有上万个销售网点。

公司拥有自主产品研发、包装设计能力,是"济南市企业技术中心",与齐鲁工业大学、山东中医药大学、江南大学等都有产学研项目互动。拥有国家发明专利2项,实用新型专利15项,拥有"秦老太""早安你好""女人花"3个山东省著名商标,济南名片"泉城二怪"中茶汤的制作技艺是非物质文化遗产,已经传承九代。公司在食品生产经营过程中秉承"为家人制造食品"的理念,率先通过了ISO9001质量管理体系认证、ISO22000食品安全管理体系(HACCP)认证、ISO14001环境管理体系认证、GB/T 28001职业健康安全管理体系认证,全方位管理生产工艺和质量。旗下品牌:秦老太、早安你好、女人花、泉城二怪为山东省著名商标。品牌定位是轻松食养餐,品牌广告语是"轻松食养 自然好状态"。

其主要产品为红豆薏米粉,这是一款除湿的瘦身代餐粉。精选东北红豆、贵州薏米、济南泉水润米,铁锅非遗工艺炒制,不添加任何食品添加剂,具有祛湿、久食减肥瘦身、轻身益气的功能。依据以上资料,结合企业发展现状,确定调研主题:红豆薏米粉消费者需求偏好调研。调研计划包含以下内容:

(一)调研项目:市场现状、消费者状况、竞争者状况、市场营销环境;

(二)调研对象:消费者、竞争者、企业;

(三)调研时间:具体分配时间,如第一周、第二周、第三周等;

(四)调研地点:网站、团队自定等;

(五)调研方法:资料调查法、实地调查法等;

(六)调研工具:网站搜索、调查问卷。

四、任务实施

(一)实施要求

先确定市场调研主题,再制订明确、具体的市场调研计划。

1. 确定调研主题

发现问题是确定市场调研主题的关键。企业在经营过程中存在的问题有哪些?比如新产品市场开发问题、产品服务问题、产品定价问题等。新产品的目标市场是什么?市场需求有哪些?将迫切需要解决的问题作为市场调研的主题。市场调研主题一般不超过15个字,如果标题过长,应使用副标题。

2. 确定市场调研项目

选择与调研主题相关的项目,一般而言,市场调研项目包括市场现状、消费者购买行为分析、市场营销宏观环境和微观环境、竞争对手分析等。依据调研项目来确定市场调研的具体内容。

3. 确定调研资料来源

市场调研的资料分为一手资料和二手资料。一手资料是指团队依据调研目标和主题亲自收集的资料;二手资料是指将企业以往的资料进行收集、整理再利用,可能是行业资料、背景资料、政府资料和一些商业资料等。一般来说,客观的市场调研这两种资料都需要收集。

4. 确定调查对象

一手资料团队需要确定向谁来收集,面对哪些部门哪些人进行收集,调查人数应当依据科学的抽样方法,样本规模大概在1%,要具有代表性和可靠性;二手资料的收集需要明确来源,团队可以进行分工,利用网络便捷工具实施资料搜集工作。

5. 确定调研时间

团队需要对整个调研周期做整体规划和阶段性安排,明确各个时间节点的目标和任务。调研时间可以安排3—4周时间。

6. 确定调研地点

调研团队需要对调研地点做出明确计划。一手资料收集计划在哪个区域或具体地点开展?

二手资料是在网站收集还是通过其他途径？总之须做出明确安排。

7. 确定调研方法

一手资料收集是实地调查法，主要包括观察法、询问法和实验法。二手资料收集就是资料调查法。

8. 确定市场调研工具

在收集一手资料时，主要工具就是调查问卷。二手资料收集就是借助网络搜索引擎。

（苹果美国用户增长停滞）

9. 进行费用预算

市场调研费用包括问卷费用、设备费用、劳务费用等。在编制调查预算时，通常先把某项调查的活动及费用都列出来，然后再进行汇总，得出总的费用预算。

10. 安排市场调研分工

市场调研是团队活动，需要多人合作完成。在制订调查计划时，尤其是针对市场调研资料的收集，成员可以分工合作，要求分工明确、具体。

（二）实施过程

要求学生根据以下材料拟定调研主题和市场调研提纲。

西安巨子生物基因技术股份有限公司成立于2001年，是一家以基因工程技术、生物医学材料与组织工程为主导的高新技术企业，也是目前全球唯一的"类人胶原蛋白"生产厂家。其核心产品为"类人胶原蛋白"，被列入国家级重点新产品，国家高技术产业化示范工程等。"可丽金"品牌作为西安巨子生物基因技术股份有限公司旗下知名品牌之一，自诞生之初，以高效的产品设计和安全的生产标准，专注于敏感性肌肤科学护理。该品牌主要包含健肤系列、舒敏系列和赋能系列，涉及喷雾、面膜、洁面乳、面霜、隔离霜类产品。目前，企业希望扩大校园学生市场，想通过调研了解学生对"可丽金"品牌系列产品的消费能力、消费偏好等，为企业决策提供依据。

调研主题：

_____

_____

_____

_____

调研提纲：

五、任务评价

项目三"市场营销调研"考核中包含四个任务,总分为 100 分。任务一"制订市场调研计划"占 20 分,其任务的评价分值和标准如表 3.1 所示。

表 3.1 "制订市场调研计划"评价标准

评价指标	基本完成任务	突出完成任务	成绩(20 分)
任务完成(14 分)	调研主题和调研计划内容完整(8 分)	任务基本完成(3 分) 主题正确(3 分)	
计划具体具有可操作性(6 分)	计划制订可行、可操作(3 分)	逻辑合理,具有可操作性(3 分)	

六、课后自测

简答题

1. 结合自己的实践经历,谈一谈如何确定调研主题。
2. 简述常用的市场调研获取资料的方法,并比较优劣。

任务二　设计调查问卷

一、任务描述

要求学生把市场调研应用于具体的营销实战中,根据调研主题和上节课制订的市场调研计划,针对某一具体品牌或产品设计调查问卷。

二、任务要求

要求学生根据上节课给出的调研材料,完成不少于10个调查问题的问卷设计任务。

三、知识链接

(一)调查问卷的作用

调查问卷是搜集第一手资料的重要方法,按照一定次序和要求设计调查内容,可以直接用于对调研对象的询问,具有形式简洁、内容明了、应用广泛等特点,在市场调研中被广泛应用。

(二)调查问卷的类型

1. 封闭式问卷

调查问卷中已经提供了供调查对象选择的答案,这类问卷的优点就是便于节约时间、统计数据,在问卷调查中被广泛采用。

2. 开放式问卷

调查中的问卷一般为主观题,需要被调查对象自由回答,这类调查虽然可能得到被调查者的真实情况,但是不利于整理收集调查结果。

(三)调查问卷设计原则

设计调查问卷是市场调研的一个重要环节,客观、简短、实用的调查问卷需要遵循以下原则。

1. 准确性原则

问卷里的问题要求用词准确,应避免使用模糊不清的口语化表达,每一个问题只是一个层次的内容。

2.客观性原则

调查问卷所提出的问题应该是客观的,不带有设计者主观的倾向性和引导性。

3.必要性原则

问卷中的问题设计围绕调研主题进行,与主题没有关联的问题不必提出,切忌问题堆积。

4.可行性原则

问卷中所提出的问题应该符合被调查者基本认知和生活常识,不会在回答问题过程中产生困惑。问题的设计也应该具有逻辑性和顺序性,一般问卷的前面是有关被调查者的基本信息。

(四)调查问卷的基本结构

1.表头

表头一般包括问卷编号、问候语、填表说明等内容。

(1)问卷编号。问卷编号的主要目的就是为了分类管理,对于一些较为简单的调查问卷可以省略这一部分。

(2)问候语。凡是需要被调查者自己填写的问卷,一般都需要问候语,便于被调查者了解调查目的和调查内容,同时也是为了争取填写者的积极合作。

(3)填表说明。告知被调查者如何填写调查问卷。这部分内容包括填表要求、调查项目、调查时间、注意事项和问卷返回方式等。填表说明要求详细具体、位置醒目。

2.主体

主体是指问卷调查的正文部分。包括以下两个方面。

(1)调查的问题。这是问卷调查的基本组成部分,是依据调查主题设计的若干问题,需要把调查内容明确化、具体化。例如,在针对大学生手机购买需求的调查问卷中,应该把调查内容具体分为购买动机、购买渠道、购买时机、购买类型等项目。

(2)被调查者的基本情况。这一内容包括被调查者的性别、年龄、收入、文化程度、职业、家庭情况等项目。掌握被调查者的基本情况是为了便于对调查资料进行归类和具体分析。在调查问卷中可以将这一部分内容放在最前面或者最后面。

3.表脚

表脚包括调查人员姓名、填表日期,也可以是针对某些问题的附加说明,最好再次对被调查者表示感谢。

(五)调查问卷的主要内容

(1)被调查者基本情况的调查。包含被调查者的性别、年龄、职业、文化程度、收入和家庭情况等。

(2)目标顾客及其数量的调查。了解喜欢购买该品牌产品的目标消费者是谁,数量是多少。

(3)消费者购买动机的调查。了解消费者购买动机是因为价格、质量、服务、品牌或是求美、求名、求新的心理等。

(4)消费者购买特点的调查。了解购买什么,购买多少,何时何地购买,购买方式和购买频率等。

(5)消费者获得信息渠道的调查。获得购买信息的渠道,如产品广告、媒体宣传、熟人介绍、促销推广或个人体验等。

调查问卷范例

影响大学生购买手机因素调查问卷

您好!感谢您在百忙之中参加我们这次针对影响大学生购买手机因素的市场调查。这次调查是以匿名的方式进行的,您可以放心填写。请您根据个人的实际情况如实填写。再次感谢您的参与。

1.您的性别是(　　)。

A.女　　　　　　　　　　B.男

2.手机对于您来说(　　)。

A.很需要　　　B.普通　　　C.可有可无　　　D.不需要

3.您现在的手机品牌是(　　)。

A.苹果　　　B.OPPO　　　C.华为　　　D.小米

E.其他

4.您最能接受的手机价位是(　　)。

A.1000元以下　　　　　　B.1000—1500元

C.1500—2000元　　　　　D.2000—3000元

E.3000元以上

5.您最看重的手机功能是(　　)。

A.音乐功能　　　B.摄像功能　　　C.游戏功能　　　D.智能系统

E.上网功能

6.您倾向于哪种类型的手机?(　　)

A.日常实用型　　　　　　B.游戏娱乐型

C.商务多功能性　　　　　D.时尚个性型

7.您觉得选用手机时最吸引您的地方是(　　)。

A.外观时尚　　　B.整体质量　　　C.功能强大　　　D.价格

E.品牌知名度

8.您更换手机的频率。(　　)

A. 从未换过　　　　B. 半年左右　　　　C. 半年到 1 年　　　　D. 1 年到 2 年

E. 2 年到 3 年

9. 您在何种情况下更换手机？（　　）

A. 用上一段时间后玩腻了

B. 从众心理

C. 手机损坏严重，质量出现问题

D. 消费能力提高

E. 源于生活学习需要

10. 您购买手机的主要用途是（　　）。

A. 打电话发短信

B. 上网聊天

C. 游戏听音乐

D. 从众心理

11. 您一般选择去什么地方购买手机？（　　）

A. 专卖店

B. 大卖场

C. 移动、联通公司

D. 超市或百货店

E. 网络

12. 您在购买手机的时候会考虑品牌吗？（　　）

A. 会考虑

B. 有时候会考虑

C. 完全不考虑

D. 看情况

调查时间：

物流 2011 班第 3 组实训作业

四、任务实施

（一）实施要求

要求学生以小组为单位，针对"可丽金品牌产品欲开发大学生市场"这一主题设计封闭式调查问卷，要求设计规范，问题不少于 10 个。

（二）实施过程

为了保证调查问卷的质量和信息收集的有效性，各小组按照以下程序设计调查问卷。

(1)充分认识本次市场调研的目的。
(2)讨论调研的内容和所需要的资料。
(3)列举出各项资料的来源。
(4)提前思考哪些资料容易获得,哪些资料获取有难度。
(5)按照人们思维习惯,有顺序地拟定问题次序。
(6)检查问题表述,避免模糊不清、含有倾向性语言。
(7)调查问卷进行小规模的事先预试。
(8)审查预试结果,综合数据统计和资料质量,对不足之处进行改进。
(9)修改调查问卷,并正式打印出来。
(10)各小组提交最终版本的调查问卷。

(问卷中措辞使用)

五、任务评价

项目三"市场营销调研"考核中包含四个任务,总分为100分。任务二"设计调查问卷"占30分,其任务的评价分值和标准如表3.2所示。

表3.2 "设计调查问卷"评价标准

评价指标	基本完成评价标准	达到要求评价标准	成绩(30分)
任务完成(24分)	调查问卷内容完整,问题数不少于10个(12分)	任务基本完成(9分) 设计正确(3分)	
问卷设计规范(6分)	问卷结构形式规范(3分)	逻辑合理,格式正确(3分)	

六、课后自测

1.简述市场调查问卷设计的结构。
2.简述市场调查问卷中问题设置的顺序。

任务三　统计调查问卷

一、任务描述

要求学生根据"可丽金品牌产品欲开发大学生市场"这一调研主题的问卷资料,对收集的数据进行整理与统计,以备撰写调研报告时使用。

二、任务要求

要求教师对各小组问卷统计进行现场指导,包括问卷统计的方法、程序、技巧等进行具体指导。要求学生充分认识问卷数据整理与统计这项工作的价值和重要性,统计数据后制作图表,为撰写后续的调研报告做准备。

三、知识链接

(一)调查问卷分析的目的

调查问卷分析的主要目的是审核资料是否可靠,内容是否准确,找出信息之间的联系和规律。

(二)调查问卷整理分析内容

资料整理分析的内容包含三方面:整理审核、分类编码、统计制表。

(1)整理审核。对收集的问卷初步审核,剔除不符合要求的,有明显错误的问卷。

(2)分类编码。对资料进行分类编码的目的是便于查找和统计。

(3)统计制表。通过表格形式统计各项调查数据,一目了然,便于研究和分析,能直观地反映出信息之间的关系,大大提高调研数据整理与统计的效率。

(三)常用数据分析方法

(1)频数分析。无论是哪种领域的统计分析,频数分析都是最常用的方法。在市场调研中,频数分析也是最基础、使用最广泛的方法。一般可用来统计分析样本基本信息,统计比例,如消费者的基本信息,对产品的基本态度,是否愿意购买产品等。

(2)回归分析。回归分析是确定两种或两种以上变量间影响关系的方法。在市场调研中,回归分析可以用来探究销售量、顾客满意度的影响因素、预测销售量等。

(3)描述分析。描述分析适用于分析对比定量数据。例如对比各维度均值,了解在哪些方面得分较高,哪些方面得分较低,找出优势项或短板项,从而制订出有针对性的改善方案。可用于分析产品满意度、用户需求等。

（4）聚类分析。通过聚类分析，我们可以找到某一类人群的综合特征，并按照其特征细分成不同人群。相比用单一分类标准，聚类分析可以综合多个指标结果，得到更加合理的类别。不同行为的客户有不同价值，比如可选择消费次数、购买量、顾客满意度、忠诚度等指标，对不同价值的客户进行分类。当变量较多时，可先做主分析或因子分析，得到每个维度（因子）的数据，再进行聚类。

四、任务实施

（一）实施要求

要求学生针对本组调查问卷进行统计，计算出统计数据的"绝对值"和"相对值"，并能够根据数据制作图表，为调研报告撰写做准备。

（二）实施过程

调查问卷数据统计，要求掌握以下步骤。

1. 检查问卷

检查收集的调查问卷是否有废卷，不符合要求的问卷不能统计数据，对于一些有疏忽或遗漏的调查问卷可以用不同颜色的笔进行标注，并计算有效问卷数量。

2. 小组统计

（1）小组统计调查问卷一般采用"累计"方法。

（2）选择题目的统计根据被调查者做出的选项进行统计。

（3）累计好的数据可以填写在一张表格里便于统计。

（4）如果是开放性的题目，小组讨论将答案归类进行统计。

（5）最后把统计数据填写在统计表里，准确、规范地填写便于统计。

问卷统计表格如表 3.3 所示。

表 3.3 "问卷统计"表格

序号	问题	选项	答案	选择人数	所占比例

任务实例

一、问卷调查内容

1. 您的性别是(　　)。

   A. 男　　　　　　　　　　　　B. 女

2. 您的年级是(　　)。

   A. 大一　　　　B. 大二　　　　C. 大三　　　　D. 大四

3. 您的家庭所在地属于(　　)。

   A. 城市　　　　B. 乡镇　　　　C. 农村

4. 您在入学前对心仪学校或目前就读学校了解程度如何？(　　)

   A. 了如指掌　　　　　　　　　B. 一无所知

   C. 了解基本情况　　　　　　　D. 不关心，听天由命

5. 您平时对高校信息了解的渠道是什么？[多选题](　　)

   A. 贴吧　　　　B. QQ　　　　C. 官网　　　　D. 微信

   E. 微博　　　　F. 其他

6. 您对自己所就读的专业满意程度如何？(　　)

   A. 满意，且有意从事专业相关工作

   B. 不满意，不感兴趣

   C. 得过且过，无所谓

   D. 非常想转专业

7. 请问您平时在校关注的信息是什么？[多选题](　　)

   A. 各类考级、考证信息　　　　B. 校园动态

   C. 各组织、社团动态　　　　　D. 考试信息

   E. 其他

8. 您对目前课外培训课和考证热的看法是(　　)。

   A. 重要，是就业的敲门砖

   B. 可以证明自身能力

   C. 没有多大用处

   D. 从众心理，他有我无的心理落差所致

9. 请问您平时考试的复习方式是(　　)。

   A. 从不复习，裸考

   B. 独自埋头苦读

   C. 学霸的指导和笔记

10.请问您平时的学习态度如何?(　　)

A.不是特别上心

B.知其重要性,但还是"及格万岁"

C.非常认真

D.不在意,任其发展

11.您觉得现在所学的知识与社会需要的差距有多大?(　　)

A.一般　　　　　B.很大　　　　　C.比较大　　　　　D.符合社会需要

12.您平时的出游频率有多高?(　　)

A.很少,几星期一次　　　　　　　B.正常,差不多一星期一次

C.经常,一周至少三次　　　　　　D.我很宅,不出门

13.请问您对自己将来要从事的行业有过规划吗?(　　)

A.暂时没有什么想法　　　　　　　B.有个大概的方向

C.不太关心这个问题　　　　　　　D.方向明确,目标清晰

二、数据统计结果与分析

问卷共包含13题,其中11道单选题,2道多选题。本次问卷调查面向西安职业技术学院部分学生。在本校共发放问卷675份,共收回问卷670份,回收率为99.26%,其中有效问卷670份。

我们对收回的有效问卷进行了逐项统计,并进行了结果分析。

1.您的性别是(　　)。

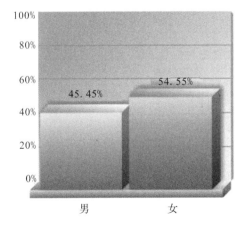

2. 您的年级是（　　）。

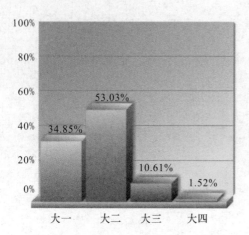

3. 您的家庭所在地属于（　　）。

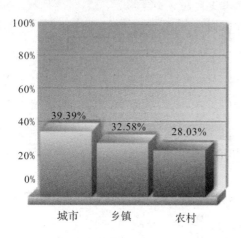

4. 您在入学前对心仪学校或目前就读学校了解程度如何？（　　）

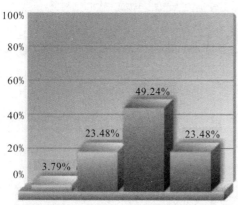

5.您平时对高校信息了解的渠道是什么？[多选题]（　　）

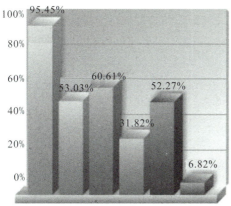

6.您对自己所就读的专业满意程度如何？（　　）

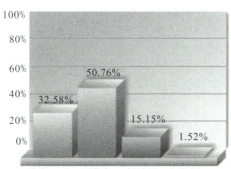

7.请问您平时在校关注的信息是什么？[多选题]（　　）

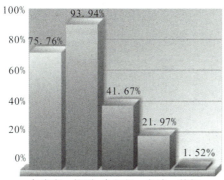

8. 您对目前课外培训课和考证热的看法是（　　）。

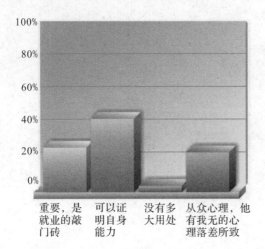

9. 请问您平时考试的复习方式是（　　）。

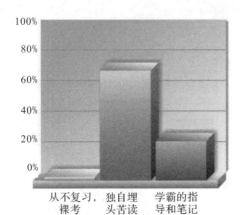

10. 请问您平时的学习态度如何？（　　）

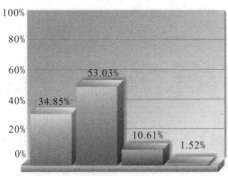

11.您觉得现在所学的知识与社会需要的差距有多大？（   ）

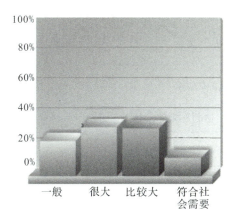

12.您平时的出游频率有多高？（   ）

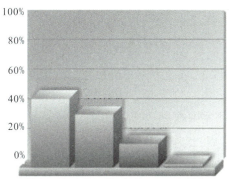

13.请问您对自己将来要从事的行业有过规划吗？（   ）

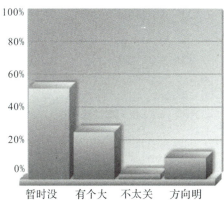

五、任务评价

项目三"市场营销调研"考核中包含四个任务,总分为 100 分。任务三"统计调查问卷"占 20 分,其任务的评价分值和标准如表 3.4 所示。

表 3.4 "统计调查问卷"评价标准

评价指标	基本完成评价标准	达到要求评价标准	成绩(20 分)
完成统计数据(10 分)	参与调查问卷统计完成此项任务(5 分)	1.完成统计(3 分) 2.有表格、图表分析(2 分)	
统计准确(10 分)	统计数据准确(5 分)	统计数据准确合理,能说明问题(5 分)	

六、课后自测

简答题

1.结合本组调查问卷数据统计分析结果得出结论。

2.谈一谈本组在进行问卷调查统计过程中遇到哪些困难,是怎么克服的。

任务四 撰写市场调研报告

一、任务描述

本任务是在完成前面任务的基础上对统计数据进行分析,论证市场开发项目是否可行,以小组为单位完成一份市场调研报告。

二、任务要求

要求学生充分认识到市场调研报告撰写的应用价值,根据教师提供的市场调研报告撰写步骤与格式完成一份合格的市场调研报告。

三、知识链接

(一)市场营销环境分析

市场营销环境分析是企业进行营销决策的依据和前提,市场营销环境分析分为微观营销环境分析和宏观营销环境分析,对营销环境的分析要求具有系统性、科学性、有效性和经济性。

(二)宏观营销环境分析

1. 宏观营销环境的因素

宏观营销环境包括人口环境、经济环境、政治法律环境、科学技术环境、社会文化环境、自然环境等。

2. 宏观营销环境的作用

宏观营销环境的变化对市场的影响很大,影响消费者的数量、购买行为特点、购买方式等。因此也会对企业营销活动产生影响。

3. 宏观营销环境分析的重点内容

(1)人口环境分析包括人口数量分析、人口结构分析、人口地理分布分析。

(2)经济环境分析包括社会经济发展水平、消费者收入水平、社会消费结构、消费者支出模式和消费结构变化、消费者储蓄和信贷情况变化的分析。

(3)政治法律环境分析包括对影响消费者购买行为和企业营销活动的政府方针政策、法律法规和政治局势等的分析。

(4)社会文化环境分析包括对影响消费者购买行为的受教育程度、价值观、生活方式、宗教信仰和风俗习惯等的分析。

（三）微观营销环境分析

1. 微观营销环境的因素

微观营销环境包括企业内部环境、供应商、营销中介、目标顾客、竞争者、社会公众等。

2. 微观营销环境的作用

微观营销环境与企业紧密相连，对企业市场营销活动产生直接影响，但同时又受到企业市场营销活动反作用的各种力量与因素的影响。

3. 微观营销环境分析的重点内容

对企业营销活动影响最大的因素是消费者和竞争者，因此营销活动微观环境分析重点主要集中在这两方面。

(1)市场状况分析包括产品特点、市场需求规模和特点及市场供求状况分析。

(2)消费者购买行为分析包括消费者构成分析、消费者购买动机分析、消费者购买特点分析、影响消费者购买行为的信息渠道分析以及消费者购后反馈分析。

(3)竞争对手状况分析包括主要竞争对手确定，竞争对手微观营销环境和实力分析，竞争对手目标市场分析，竞争对手营销策略分析等。

（四）SWOT 分析

所谓 SWOT 分析，即基于内外部竞争环境和竞争条件下的态势分析，就是将与研究对象密切相关的各种主要内部优势、劣势和外部的机会和威胁等，通过调查列举出来，并依照矩阵形式排列，然后用系统分析的思想，把各种因素相互匹配起来加以分析，从中得出一系列相应的结论，而结论通常带有一定的决策性。运用这种方法，可以对研究对象所处的情景进行全面、系统、准确的研究，从而根据研究结果制定相应的发展战略、计划以及对策等。

关于可丽金产品开发大学生市场调研报告

一、背景

可丽金是西安巨子生物基因技术股份有限公司旗下的品牌。该公司是以基因工程、生物材料工程为主导的高新技术企业，也是目前全球唯一的"类人胶原蛋白"生产厂家。可丽金依靠现代生物基因工程技术，推动并提升了传统生物医药行业、组织工程材料、美容健康品行业的技术水平。该品牌主要包含健肤、舒敏和赋能三大系列。

现如今，大学生中使用化妆品的人数逐步攀升，近年来平均增长率高达65%，其所受的教育经历和所处的校园环境，使得他们成为社会上一个特殊的消费群体。

二、调研范围以及目的

(1)调研范围。

本次调研范围为某校大学生,包括大一、大二、大三各个年级的男女同学。

(2)调研目的。

根据可丽金品牌的营销策略,要求详细了解大学生市场消费能力、消费偏好等情况,为该产品制定科学合理的营销方案提供依据。

三、调研策划与安排

2018 年 3 月 11—12 日	启动仪式
2018 年 3 月 13—15 日	收集资料并设计问卷
2018 年 3 月 16—17 日	问卷成型并开始调查
2018 年 3 月 18—22 日	回收问卷、审核问卷
2018 年 3 月 23—27 日	数据分析和撰写调研报告

四、调研物料准备

准备阶段	软件	硬件
准备一	Office 办公软件	实训室
准备二	可丽金系列产品资料	台式电脑
准备三	问卷星	笔记本电脑

五、调研内容

(一)行业市场环境分析(SWOT 分析)

(1)护肤品行业的销售特点;

(2)可丽金系列产品的优势、劣势;

(3)可丽金系列产品的机会、威胁。

(二)竞争者调研

(1)主要竞争者的产品策略;

(2)主要竞争者的渠道策略;

(3)主要竞争者的价格策略;

(4)主要竞争者的促销策略。

(三)问卷调查

(1)大学生购买护肤品的形态(品牌、购买地点、选购标准);

(2)品牌的了解程度(功能、特点、价格、包装等)与消费心理(必需品、偏爱、经济、便利、时尚等);

(3)大学生的品牌意识以及品牌忠诚度;

(4)大学生月平均开支及消费比例的统计。

六、调研内容以及样本数量

(1)针对本校大学生化妆品市场进行第一手资料的收集,对本校某系学生进行问卷调查。

此次调研共发放150份问卷,共收回135份问卷。

(2)此次调研内容共有15道题目,其中8道单选题,7道多选题,题目覆盖内容包括性别、年龄、消费时间、品牌等,以此来了解大学生对化妆品的消费情况。

七、调研方法及分析

本次调研采用问卷调查法以及个人访问法,调查学生对可丽金品牌系列产品的消费偏好、消费能力及消费习惯等情况。对大学生不同年龄、肤质、消费水平以及消费结构的调查,可知大学生的市场是具有潜力的。

分析1:共有135位同学参加此次问卷调查,其中男生42人,占31.11%,女生93人,占68.89%。

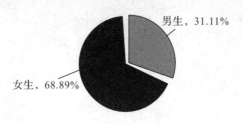

分析2:结果显示,学生大致可以判断出自己皮肤的属性,其中油性和混合型所占比例较高,分别为29.63%和31.85%。

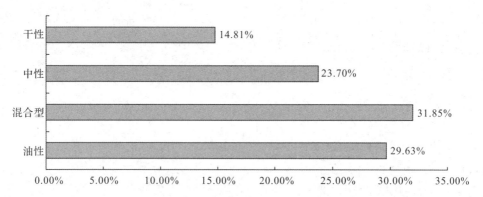

分析3:学生消费群体有其自身特点,价格是导致其产生购买行为的重要因素,其中会购买100元以下护肤产品的,达到34.07%;100—300元之间所占比例最高,为57.04%,高于500元以上的仅占2.96%。

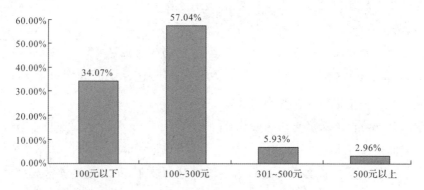

分析4：此次调研，发现大部分同学会选择网购，比例高达67.41%。

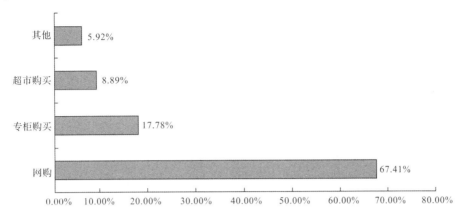

分析5：问卷中显示，大部分同学的皮肤困扰是爱出油、有痘痘并且是敏感肌，占56.3%；其次是毛孔粗大、有黑头，占48.49%；皮肤干燥和黑眼圈困扰各占44.44%和32.59%。

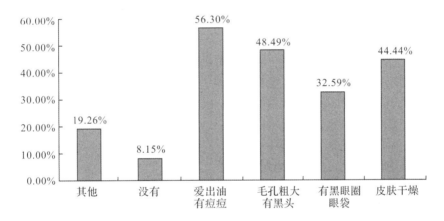

分析6：问卷显示，109位同学认为决定购买化妆品的因素首先是化学成分少，占比达67.41%。其次是使用效果明显和性价比高，分别占65.19%和55.56%。

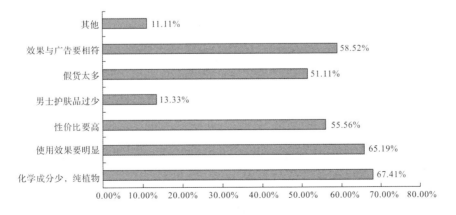

八、突发事件处理

突发事件与处理方案如下：

序号	突发事件	处理方案
1	调研参与的人少	积极调动同学的参与性，问卷形式多变，纸质版、微信版、PC 端等形式
2	数据丢失	每次使用记得备份
3	调查中突遇停电、断电	保存数据，及时联系老师

九、总结

1. 消费偏好

优势：根据"分析4"，大部分学生喜欢网购化妆品，对于可丽金品牌来说，创客云商的出现可以满足这一点。

建议：推出新品。根据"分析5"，敏感肌、出痘痘依然是大学生所困扰的问题，可丽金公司可推出祛痘系列产品来迎合大学生市场需求。

2. 消费能力

建议：根据调研，本校学生购买化妆品的消费能力偏低，如果想要扩大校园学生市场，则可推出更优惠的产品或给学生更多的优惠力度。

附录（见上一任务的市场调查问卷）

——摘自物流管理1612班学生小组作业

四、任务实施

（一）实施要求

各小组根据可丽金产品资料和前期市场调查问卷完成市场调研报告的撰写，要求内容全面、客观、准确；调研报告格式及版面设计要规范。

（技能大赛之营销方案策划）

（二）实施过程

1. 调查资料分析

对收集的市场调查资料进行分类整理后，运用"回归分析""因素分析""聚类分析""相关分析"等分析方法，对影响企业营销活动的市场、消费者、竞争者、宏观营销环境和微观营销环境等资料进行全面、客观和准确的分析。也就是分析出影响企业营销活动的主要环境因素有哪些，哪些是主要因素,哪些是次要因素,哪些是有利因素,哪些是不利因素,影响程度怎么样。

2. 得出调研结论

调研结论是在分析企业面临复杂宏观环境和微观环境的基础上,分析出企业的优势与劣势、机遇与威胁,寻找企业开发市场的机会,得出调研结论,作为企业开发新市场的依据。

3. 撰写调研报告

市场调研报告是对企业营销环境进行客观分析后,结合调查分析结果得出调研结论的书面表现形式,也是为企业制定营销决策提供依据的书面报告。因此掌握市场调研报告撰写要求是非常必要的。

4. 明确撰写任务

要求团队明确分工,每个同学明确自己撰写哪个部分,在规定的时间节点必须完成,团队成员就资料、数据、图表制作进行深入讨论,群策群力,圆满完成团队任务。

5. 做好撰写准备

撰写市场调研报告能够很好地锻炼自己的书面表达能力。前期必须认真做好准备工作,例如:汇总收集资料,按类别整理出来;合理安排撰写时间,完成各部分,再汇总和校对,做出合理安排,在各个时间节点提交阶段性任务;最后完成一份完整规范的市场调研报告。

6. 掌握撰写方法

撰写市场调研报告的要求包括:①分类整理所需资料,以营销环境理论为指导;②分析资料的真实性、客观性;③资料分析要求紧扣主题、观点正确,得出调研结论;④资料分析要求结构合理,层次清楚,注重逻辑性。

7. 市场调研报告格式要求

(1)封面。封面要求简洁,至于字体、字号、颜色应该根据视觉效果具体考虑。封面制作要点:标题应该为"×××公司×××调研报告",有时为了突出调研的主题,可以加上副标题,封面注意标上日期。

(2)目录。列目录时,注意目录的页码和实际页数不能有出入,在撰写市场调研报告时,目录等到调研报告全部完成后再来编写。

(3)正文。正文是调研报告的主体,主要是对调研结果进行描述、分析,最后得出调研结论。主体部分是调研报告的重点,在撰写这部分时应该遵循"充实性""真实性""次序性"。

(4)附录。附录的作用在于提供市场调研的真实性和客观性。凡是有助于阅读者对调查内容理解、信任的资料都可以列入附录。不适宜放在正文的资料有图表、附件、调查表和备注说明等。

请各小组根据可丽金产品系列资料,结合市场调研数据整理与统计,完成一份合格规范的市场调研报告。

五、任务评价

项目三"市场营销调研"考核中包含四个任务,总分为 100 分。任务四"撰写市场调研报告"占 30 分,其任务的评价分值和标准如表 3.5 所示。

表 3.5 "撰写市场调研报告"评价标准

评价指标	资料准确	资料充实	资料客观	分析正确	分析有条理	成绩(30 分)
市场状况分析(8 分)	市场分析的三个方面资料(2 分)	市场分析资料不少于 3 条(2 分)	资料运用要有索引(2 分)	紧扣主题观点正确(1 分)	条理清楚有逻辑性(1 分)	
消费者分析(6 分)	消费者分析内容完整(2 分)	消费者分析资料全面(1 分)	资料运用要有索引(1 分)	紧扣主题观点正确(1 分)	条理清楚有逻辑性(1 分)	
竞争者分析(4 分)	竞争者分析内容完整(1 分)	竞争者分析资料全面(1 分)	资料运用要有索引(1 分)	紧扣主题观点正确(0.5 分)	条理清楚有逻辑性(0.5 分)	
封面设计(3 分)						
目录设计(2 分)						
附录安排(7 分)						

六、课后自测

(一)单项选择题

1. 市场调查首先要解决的问题是( )。
   A. 确定调查方法 B. 选定调查对象
   C. 明确调查目的 D. 解决调查费用

2. ( )是问卷的主体,是问卷最核心的组成部分。

A. 封面   B. 答案   C. 问候语   D. 问题和答案

3. 调查项目的选择要做到(　　)。

A. 所列项目越多越好   B. 所列项目尽可能全面

C. 每个项目不需要确切、具体的说明   D. 项目之间不能有相互联系

4. SWOT 分析法的内容不包括(　　)。

A. 优势   B. 劣势   C. 机会   D. 评价

(二)思考题

1. 市场调查问卷的设计结构是什么?
2. 市场调研报告撰写的要求是什么?

项目四 消费者购买行为分析

课程思政

历来的商业社会及各个国家都有商业立法,一是保护公司的合法利益,二是保护消费者免受不法商业活动的侵害,同时维护社会的利益免受无序商业活动的损害。菲利普·科特勒曾说:"明智的公司其管理者都应遵守法律和法规,'做正确的事情'。"尤其是国际化的企业,在开展营销活动的时候,会遇到十几种甚至数百种贸易政策和规定,企业经理在设计产品和制定市场营销方案时,必须关注这些法律、政策及规定,以便企业顺利开展营销活动。企业必须把握住法律底线。企业经营活动须依法进行,不能逾越法律的规范。非法经营、进行内幕交易及向国家工作人员行贿这些行为都是违法的,只要有所逾越,纸终究包不住火,违法的代价最后终究得由企业来承担。在这方面,默多克旗下的《世界新闻报》就是一个典型的反面案例。在国内,类似的案例也有,比如大陆某明星偷税漏税,后被封杀;2019年某品牌月饼黑作坊制假卖假案件,最终只能得到被封停、被取缔的下场。

学习目标

知识目标: 理解消费者购买行为的含义。

了解消费者购买行为类型和模式。

了解消费者主要心理以及表现特征。

掌握营销人员礼仪和营销活动礼仪。

能力目标: 要求学生在理解消费者购买行为、消费者心理以及营销礼仪基础上,重点学会分析消费者心理表现,并能够独立完成一项营销活动。

素质目标: 通过本项目任务实施,培养团队合作精神,交往能力。

任务一　购买体验交流

一、任务描述

要求学生正确理解消费者购买行为的概念,了解消费者购买行为类型以及模式,理论联系实际,以自己生活中具有代表性的"购买体验"为案例在小组内进行分享,并精选出典型案例,在组内交流的基础上,小组派一名代表在班级内交流。

二、任务要求

要求小组内成员积极参与典型案例分享,理论结合实际,形成组内分析观点,小组讨论交流后结合考核指标进行互相点评,最后师生联合评出小组交流的团队成绩。

三、知识链接

(一)消费者购买行为的概念

消费者购买行为也称消费者行为,是消费者围绕购买生活资料所发生的一切与消费相关的个人行为。包括从需求动机的形成到购买行为的发生直至购后感受,总结这一购买或消费过程中所展示的心理活动、生理活动及其他实质活动。

(二)消费者的购买过程

消费者的购买过程一般表现为五个阶段,分别是引起需要、收集信息、评估方案、购买决策、购后行为。

1. 引起需要

当消费者感觉到一种需要并准备购买某种产品以满足这种需要时,购买决策过程就开始了。当然,需要不是凭空产生的。顾客产生这种需要,既可以是人体内机能的感受所引发的,如因饥饿而想要购买食品,因口渴而想要购买饮料,又可以是由外部条件刺激所诱生的,如看见电视中的西服广告而打算买一套,路过水果店看到新鲜的水果而决定购买等。当然,有时候顾客的某种需要可能是内、外原因同时作用的结果。

2. 收集信息

消费者形成了购买某种商品的动机后,若是不熟悉这种商品的情形,往往会搜集这种商品的相关信息。消费者搜集信息的多少,要取决于他的内部驱策力的强度,已知信息的数量和质量以及进一步搜集信息的难易程度。通常,消费者会从以下四种途径取得信息。

(1)个人来源。即从家庭成员、朋友、邻居和其他熟人处取得信息。
(2)商业来源。即从广告、推销员、经销商、商品展销会、商品使用说明书等取得信息。
(3)公众来源。即从报刊、电视等公共传媒的客观报道和消费者集体的评论取得信息。
(4)体会来源。即消费者自身通过参观、试用、实际利用、联想、推论等方式所取得的信息。

一般来讲,消费者经由商业来源取得的信息最多,其次为公众来源和个人来源,体会来源的信息相对较少。然而,消费者却对体会来源与个人来源的信息最为相信,然后是公众来源,最后才是商业来源。在消费者的购买决策中,商业来源的信息更多地扮演转达和告知的角色,其他非商业性来源信息起到验证和评判的作用。对于消费者而言,信息的搜集慢慢缩小了对将要购买的商品进行选择的范围;对于企业而言,应在调查、分析的基础上,设计和安排适当的信息通道和传播方式,采取对目标市场影响最大、信息量最多的促销组合策略,以便进一步引导购买行为。

3. 评估方案

消费者搜集到各类信息资料后,就要对商品的购买方案进行分析、对照、评判,最后选出中意方案。不同的消费者有着不同的消费需求,因此对商品的选择也不同。通常消费者是依照产品和市场情形选择适当的评判标准和方式。一般来讲,消费者评判购买方案要涉及以下几个问题。

(1)产品属性。即产品能够满足消费者需要的特性。例如,计算机的存储能力、图像显示能力、软件的适用性等;照相机的体积大小、摄影速度、成像清晰度等;轮胎的安全性、胎面弹性、行驶质量等;腕表的准确性、式样、耐用性等,都是消费者感受到的产品属性。需要注意的是,消费者不必要将产品的所有属性都视为一样重要。

市场营销人员要分析本企业产品应具有哪些属性,不同类型的消费者对哪些属性有偏好,以便进行有效的市场细分。对不同需求的消费者提供具有不同属性的产品,既满足购买者的需求,又最大限度地降低因生产不需要的产品所造成的劳动力、资金和时间的浪费。

(2)属性权重。即消费者对产品有关属性所给予不同的重要性权数。通常,关于同一产品的同一属性,消费者的重视程度也是不一样的。

(3)品牌信念。即消费者对某品牌好坏程度的总体观点。由于消费者个人受到选择性注意、选择性歪曲和选择性经历的阻碍,其品牌信念可能与产品的真实属性并非一致。

(4)效用函数。即描述消费者所期望的产品知足感,随产品属性的不同而有所转变的函数关系。它与品牌信念既区别又联系。品牌信念指消费者对某品牌的某一属性已达到何种水平的评判,而效用函数说明消费者要求该属性达到何种水平他才会满意。

(5)评判方式。即消费者对不同产品品牌进行评判和选择的程序和方式。

4. 购买决策

消费者购买决策是指消费者在受到内、外部因素刺激,产生需求,形成购买动机,并且经过信息收集、方案评估后,在众多方案中挑选出最符合自己标准的产品、服务或品牌,以此来完成满足自身需要的特定过程。

为此,企业应当了解哪些因素会对消费者的购买决策产生影响,从而采取相应的措施。一般来说,影响消费者购买决策的因素有产品因素、消费者自身因素、他人态度、意外因素等。

5. 购后行为

消费者购买产品以后,如果使用频率很高,说明该产品有较大的价值,消费者重新购买的周期就短,有的消费者甚至为产品找到新用途,这些对企业都有利。如果消费者将产品闲置不用甚至丢弃,则说明消费者认为该产品无用或价值较低,或者是消费者对产品不满意。如果消费者把产品转卖他人或用于交换其他物品,将会影响企业产品的销量。因此,产品卖出后企业的工作并不能结束,还需要监测消费者的购后使用情况和评价情况,采取相应的对策。

影响消费者购后反应的因素就是消费者购前对产品价值的预期、使用后对产品价值的感知,以及影响消费者忠诚或流失的其他相关因素。

(消费者购买决策过程)

(三)消费者购买行为类型

消费者在购买商品时,由于自身心理因素的作用,购买行为的表现形式不同,分类方法也不同。

1. 按购买行为表现特征分

可划分为习惯型、理智型、经济型、冲动型、情感型、不定型(随意型)及疑虑型。

(1)习惯型。特点:消费者喜欢根据过去的购买经验、使用习惯来购买商品。其购买行为的习惯会集中反映在对商品品牌、商店、消费方式等方面。因此,他们会长期惠顾中意的商店,或长期使用某个品牌。这类消费者对信任、偏好的商品会不加考虑,决策果断,成交速度快,且不受时尚风气的影响。

营销对策:营销者只需想办法帮助其实现购买即可。

例:小李长期购买某品牌电器,不受流行因素的影响。

(2)理智型。特点:理智型购买行为表现为冷静购买,即消费者在走进商店之前,不仅广泛搜集了所需购买商品的信息,而且是经过周密的分析和思考后才会做出购买决定。这类消费者善于思考,主动性和主观性较强。

营销对策:营销者应尊重其选择,适时地加以赞许和肯定,不要过多地参与意见。

例:小张通过查阅资料,分析比较决定购买。

(3)经济型。特点：购买商品时多从经济和价格等方面考虑，他们在购物时往往对价格、质量、效果等特别敏感，因此对商品要反复挑选。

营销对策：营销者应强调商品的物美价廉、物有所值，帮助其选择适合其心理价位的商品。

例：爷爷奶奶购买东西注重物美价廉，价格合适就买，特别喜欢特价商品。

(4)冲动型。特点：在购物时对外界环境的刺激比较敏感，情绪不易自控，容易冲动购买，一旦接受了外界刺激后，这类消费者的心境会发生转变。他们除了缺乏商品知识外，自身性格直率、为人豪爽是引起冲动购买的主要原因。

营销对策：营销者应利用商品外观和广告，帮助其认识、挑选实用好看的商品。

例：小东买东西总是很冲动，买后常常后悔不该买。

(5)情感型。特点：在购买商品时带有浓厚的感情色彩，感情体验深刻，具有特别丰富的想象力和联想力，审美感觉也比较灵敏。因此，这类消费者在选购商品时，往往容易受到外界环境因素的影响，基于审美的需求，他们对购物的环境具有一定的要求。

营销对策：营销者应营造购买的氛围，以情促销。

例：冬冬是某明星的"粉丝"，他选择薯片时只选该明星代言的某品牌薯片。

(6)不定型(随意型)。特点：缺乏商品知识和购买经验，没有固定的偏好，购买心理不稳定，大多属于新购买者。

营销对策：营销者应热情地给予帮助，认真、热情地介绍商品。

例：你去买洗发水，营销员说哪种品牌好，你就会买哪种品牌。

(7)疑虑型。特点：行动谨慎、迟缓，体验深刻而疑心大。这类消费者对外界缺乏应有的信任，往往有过上当受骗的经历。他们在选购商品时从不冒失仓促地做出决定，挑选动作缓慢、时间长。

营销对策：营销者应耐心接待，鼓励其大胆购买。

例：和上一种相反，营业员越热情，越给你推销，你可能越不买，怀疑是假的。

2.按购买目标的确定程度分

可分为确定型、半确定型和不确定型消费者。

(1)确定型。确定型的消费者购买行为简洁明确，在进入商店前，消费者就已经有了明确的购买目标，这类消费者对自己所购商品的信息了如指掌，在实施购买的过程中，会向营业员提出明确的要求。一般来讲，确定型消费者除了自身性格等方面的因素外，其过去购物的经验以及对商品信息的充分了解是明确购物目标的重要前提。

(2)半确定型。所谓半确定型就是消费者对所需购买的商品已有大致的目标，但对商品的具体要求没有完全确定，他们往往是带着初步设想到商店进行购物，最后的购买决定是要经过挑选或咨询后而完成的。这类消费者在现实购买中比较普遍，他们大多缺乏消费的经验，并且缺少相关的商品知识和信息。

（3）不确定型。不确定型是消费者对所需购买的商品没有明确目标。这类消费者进入商店主要是参观、游览。当碰到能够吸引他们的商品时，他们会表现出极大的兴趣，甚至购买。这种"走过路过"的消费者被业内称作潜在消费者。

（四）消费者购买行为模式

不仅消费者市场与组织市场的购买行为不同，就连同一消费市场上不同购买者的需求和购买行为也有所不同。

经济学家曾把消费者都看作是"经济人"，认为他们在购买过程中总能进行理智而伶俐的判定，做出最经济的选择。但事实并非如此，经济学家的这种假设有时很难说明消费者购买行为的千差万别。显然，除经济因素之外，还有其他因素，除理性的试探之外，还有其他非理性的情绪在影响着消费者的购买决策。

研究表明，消费者购买行为从心理活动进程来看，是一种对外界刺激的反应。这个反应进程是在暗中进行的，外人不能发觉，营销学者称之为"心理暗箱"，并建立了一个"刺激—反应"模型来讲明外界刺激与消费者反应之间的关系。如表4.1所示。

表 4.1 消费者购买行为模式

购买者的外界刺激		购买者的心理暗箱		购买者的反应
市场营销刺激	宏观环境刺激	购买者的个人特性	购买者的决策过程	产品选择
产品	政治因素			品牌选择
定价	经济因素			经销商选择
地点	社会文化因素			购买时间选择
促销	技术因素			购买数量选择

表4.1所示是一个系统的投入产出进程。企业通过市场营销活动所发出的"市场营销刺激"和客观存在的"宏观环境刺激"被消费者接受后，进入了购买者的"心理暗箱"，购买者依照自己的个人特性处置所接收的市场营销与市场环境信息，然后通过某种心理活动进程的"转换"，最终表现为可见的购买者反应。

1. 刺激

消费者购买进程的"投入"因素，首先是各类不可控因素形成的消费者市场的宏观环境刺激，它们制约着整个消费需求的进展趋向，并对消费者的"心理暗箱"产生显著的阻碍。同时，由各类企业可控因素（即市场营销手段）组成的市场营销刺激，又通过不同变换和组合形式与宏观环境因果交错，形成了阻碍消费者"心理暗箱"的最直接的"小环境"。

2."心理暗箱"

购买者"心理暗箱"由两部分组成。

(1)购买者的个人特性。购买者的个人特性表现为对事物的熟悉、个人的情绪和意志。在外部环境因素刺激下,会影响购买者的个人特性,进而影响其在购买活动中对各类事物的熟悉及个人情绪和意志,并制约其反应。

(2)购买者的决策进程。消费者的购买活动是从消费者需要开始,然后选择购买、利用,消费完毕告一段落,接着开始新的循环进程。在整个进程中,消费者必须做出一系列的判定和决策。其决策不仅受到购买心理特点的制约,而且受到外部刺激的"大气候"和"小环境"的阻碍。

消费者购买行为中的"心理暗箱",尽管难以窥测其完整的过程,但营销人员通过科学的分析方式和连年积累的体会,也能够慢慢了解其紧要内容和规律性。

3.反应

在诸多因素的共同作用下,消费者最终将做出必然的反应,即决定如何满足需求和欲望。消费行为也就从此开始。从表面上看,消费者的反应无非是对产品、品牌、经销商、购买机会和数量做出选择,实际上是他们购买行为模式的具体表现。

消费者的购买行为模式主要包括以下内容:

(1)购买什么?回答购买对象的问题。比如便利品、选择品或特殊品,是有形产品还是无形产品。它受制于具体的消费需求,是知足欲望的实质内容。

(2)为何购买?回答购买目的的问题。它受制于消费者需要及其对需要的熟悉。

(3)由谁购买?回答购买组织的问题,即哪些人参与购买行为。消费者市场人多面广,每一个人都是消费者,可是未必每一个人都是购买决定者。

(4)何时购买?回答购买机会的问题。

(5)何地购买?回答购买地址的问题。消费者对购买地址的选择有其规律性,比如日常必需品适合就近购买,选择性较强的或珍贵商品到商业街、购物中心购买,某些特殊商品到有信誉的专营店购买,某些地域特色产品或专用产品,去产地、生产厂家购买。

(6)如何购买?回答购买方式的问题。既包括购买类型,又包括付款方式。

一个企业既要擅长利用"大气候",营造有利于自己市场营销的"小环境",还要擅长分析消费者"转换"外部刺激和"产出"购买决策的规律性,从而才能制定有效的市场营销战略,发出适合的市场营销信息,去刺激或阻碍消费者的心理进程及其购买行为。

一位女士的购买过程

一位女士在某商场的购物过程如下:因为原有的手机丢失,先到通信器材柜台通过营业员介绍买了一款新推出的手机;然后在摄照器材柜台被营业员宣传的数码相机吸引,虽经营业员详细讲解,但因为没有使用经验,还是决定下次找个懂行的朋友一起来购买;最后在日用品自选超市买了某品牌的洗发水。

案例思考:

1. 试分析这位女士在购买手机、数码相机和洗发水三种产品时的行为类型。
2. 结合案例分析针对上述消费者的行为类型,营销人员应采取何种策略?

案例分析

(1)买手机时,这位女士的购买行为属于半确定型。其明显的消费特点是虽然在购买商品前,已有大致的购买目标,但购买商品具体要求还不是很明确,需要经过对各种商品多次的选择和比较才能做出购买决定。因此,针对这种类型的顾客,营销人员要耐心细致地介绍商品,做好顾客的参谋,要善于引导顾客最终做出购买决定。

(2)买数码相机时,这位女士的购买行为属于不确定型。其明显的消费特点是在购买商品前,没有明确的购买目标,购买时以观察为主,偶然遇到感兴趣或者合适的商品也会购买,否则,就会放弃购买。对于这类购买者,营销者应让消费者有一个充分自由的购买空间,没有购买时的压抑感,在考虑成熟时,帮助其做出购买决定。

(3)买洗发水时,这位女士的购买行为属于确定型。其明显的消费特点是在购买时目的性非常强,能主动提出购买商品的要求,而且只要商品符合她的需要,就会毫不犹豫地购买。因此,针对这种类型的顾客,作为营销人员应认真观察其购买行为和语言表达,想办法满足其购买欲望。

四、任务实施

(一)实施要求

1. 交流讨论的内容

结合本节课所学的内容,以自己生活中具有代表性的"购买体验"为案例进行分享,梳理案例中自己购买行为属于哪种类型,准确描述针对自己的购买行为类型,营销人员给出了哪些营销策略。要求:①案例真实有效;②购买行为类型分析准确;③营销人员应对策略有借鉴意义。

2. 交流讨论的技巧

①交流表达要求表述清楚、流畅,语速适中;②交流表情要求面部表情自然、舒展;③交流姿态要求姿态大方得体,具有感染力。

(二)实施过程

1. 记录同组同学的观点。

2.派代表汇总同学的观点并在班级内交流。

五、任务评价

项目四"消费者购买行为分析"任务考核共包含三个任务,满分100分。任务一"购买体验交流"占40分,其评价分值和标准如表4.2所示。

表4.2 "购买体验交流"案例讨论评价标准

评价指标	基本完成任务	突出完成任务	评价成绩(40分)
交流内容(20分)	案例选择恰当(5分) 分析过程完整(5分)	案例内容完整(5分) 分析结论准确(5分)	
交流表述(20分)	表达清楚(10分)	流畅、熟练(10分)	

六、课后自测

单项选择题

1.消费者购买行为也称(　　)。
  A.消费者行为　　B.购买行为　　C.购物行为　　D.消费行为

2.小李长期购买某品牌电器,不受流行因素的影响,属于哪种消费者购买行为类型?(　　)
  A.习惯型　　B.理智型　　C.经济型　　D.冲动型

3.(　　)认为,消费者之所以喜欢某种产品,是因为他相信这种产品会给他带来比同类产品更大的价值,也就是说具有更大的潜在价值。
  A.艾尔·强森　　B.刘春雄　　C.原一平　　D.麦克尔·阿盖尔

任务二　城市游客选择乡村旅游交流

一、任务描述

乡村旅游兴起以来得到了越来越多城市游客的青睐,数据显示,2017年中国乡村旅游的游客达到28亿人次,其中城市游客为主力军。请分析城市游客选择乡村旅游受到了哪些因素的影响,要求每个学生围绕这一主题在小组内进行交流,在交流的基础上,小组派一名代表汇总大家的观点,并代表本组在班级内交流。

二、任务要求

要求小组成员通过查找网络或书籍资料,了解城市游客进行乡村旅游的现状,分析为什么越来越多的城市游客选择乡村旅游,要求小组内成员积极参与讨论交流,理论结合实际,形成自己的分析观点,小组讨论交流后结合考核指标进行互相点评,最后师生联合评出小组交流的团队成绩。

(消费者购买行为影响因素)

三、知识链接

(一)消费者心理分析概念

消费者心理分析是指对消费者在购买和消费商品过程中心理活动的分析。首先,接触商品,引起注意;其次,经过了解和比较,产生兴趣,出现购买欲望;再次,条件成熟,做出购买决定;最后,买回商品,通过使用,形成实际感受,考虑今后是否再次购买。

(二)影响消费者购买决策的因素

影响消费者购买决策的因素可以分为以下几大类。

1. 环境因素

如文化环境、社会环境、经济环境等。

2. 刺激因素

如商品的价格、质量、性能、款式、服务、广告、购买方便与否等。

3. 消费者个人及心理因素

(1) 个人因素包括年龄、性别、职业、经济状况和个性等因素。其中消费者的心理因素,因为不能直接看到,又被称作"黑箱"。而刺激因素则由企业出发,然后被输到消费者"黑箱",经过班杜拉的人类行为交互作用模型,消费者的心理活动过程变为有关购买的决策输出。

(2) 心理因素包括:①动机。任何购买活动总是受一定的动机所支配,这种来自消费者内部的动力反映了消费者在生理上、心理上和感情上的需要。②感觉与知觉。两个具有同样动机的消费者,会因为各自的感觉和知觉不同而做出不同的购买决策。③学习。学习是一种由经验引起的个人行为相对持久变化的心理过程,是消费者通过使用、练习或观察等实践,逐步获得和积累经验,并根据经验调整购买行为的过程。企业应创造条件,帮助消费者完成学习过程。④信念与态度。消费者在购买和使用商品的过程中形成了信念和态度,这些又反过来影响其未来的购买行为,企业最好通过改变自己的产品以迎合消费者已有的态度,而不是去试图改变消费者的态度。

(三) 消费者主要心理

1. 价值心理

艾尔·强森认为,消费者之所以喜欢某种产品,是因为他相信这种产品会给他带来比同类产品更大的价值,也就是说具有更大的潜在价值。潜在价值取决于产品的潜在质量。所谓潜在质量,它不是指质量监管部门检测出的质量,而是指消费者心中感受到的质量,是消费者主观上对一种品牌的评价。可口可乐之所以领先百事可乐,就是因为它以标榜"正宗""原创""独一无二"而使消费者相信它具有无可替代的价值,这就是它的潜在价值。事实上,一种品牌之所以能够打开销路,常常不是因为它的真实价值,而是由于它的潜在价值。潜在价值具有独特性、独立性、可信性和重要性。潜在价值就是名牌效应,正如名人效应一样,就是一种观念,这种观念已深深根植于消费者的心目中。

2. 规范心理

规范是指人们共同遵守的全部道德行为规则的总和。在现实生活中,规范有着巨大的作用,它左右着我们的思想,制约着我们的言行,影响着我们生活的方方面面。规范的面孔是多种多样的,它包括原则、理智、义务、礼貌、友谊、忠诚、谅解等多种因素。在许多情况下,规范可以成为诱发消费行为的动机。

据营销专家的长期调查与研究,消费者之所以喜爱某种品牌,常常是为了避免或消除一种与其规范和价值相矛盾的内心冲突。消费者在购买或不购买某一品牌的产品时,规范是一个重要的影响因素。20 世纪 80 年代初,全球掀起一股环保热。"青蛙"作为德国第一个重视环保的大众品牌,它不仅把属于规范范畴的环保观点当作价值广告战略的补充,而且还非常自豪地将它放在广告宣传的中心位置。短短 3 年,其产品的销售额便提高了 3 倍。它的成功,正是因为它与全球性的环保意识相吻合,从而让消费者拥有一个与之所信奉的规范相适应、相协调的良好感觉。

3. 习惯心理

习惯是长期养成而一时间难以改变的行为。不同的人、不同的民族有各自不同的习惯。例如,我国北方人以面食为主食,南方人以大米为主食;北欧人喜欢喝啤酒,南欧人喜欢喝红葡萄酒;有人爱抽烟,有人爱打扮等。习惯常常是无法抗拒的,它甚至比价值心理对人的决定作用还要大。消费者一般都有特定的消费习惯,这是消费者在日常生活长期的消费行为中形成的。

例如,当消费者最初使用某种名牌商品后感觉很好,形成了对该商品质量、功效的认识,并逐渐产生了对这个品牌的喜好,就建立了对该品牌的信任,增强了使用该品牌的信心,一般情况下不会改用其他品牌的商品,而成为该品牌的忠诚顾客。又比如,有的消费者喜欢去大商场买服装、家电,去超级市场购买日常用品、食品等。

20世纪90年代初,箭牌香口胶在德国面世。在消费者心目中,它是香口胶,防龋是它的一个独特的附属功能。同时上市的还有混合洁口胶。在消费者心目中,混合洁口胶的主要功能是洁齿护齿,香口胶则是其附属功能。经过一段时间的市场竞争,混合洁口胶终于败下阵来,箭牌香口胶则以90%的市场占有率遥遥领先。原因其实很简单,是消费者的习惯在作怪,大多数消费者已习惯于首先选择香口胶,然后才考虑防龋功能。

4. 身份心理

每个人都有一定的身份,人们也在不知不觉中显露着自己的身份。尤其是那些有了一定名誉、权力和地位的人,更是无时无刻不在注重自己的身份,显示自己的身份,尽可能地使自己的言谈举止与社交活动同自己的身份相符。而最能表现人的身份的是衣食住行用,比如某人穿的是名牌高档服装,乘的是高档轿车,住的是五星级酒店。当这一信息传递给外界后,这个人的身份就会很自然地显露出来。于是营销专家根据人性本身的这种心理,总结了一套相应的营销理论——身份原理,让品牌成为消费者表达自我身份的有效武器。对企业来说,开发比竞争对手更胜一筹的、能够显露消费者身份的产品,也就成了一个重要课题,因为这直接影响到消费者的购买决策,进而影响到产品销售。

5. 情感心理

情感是人对外界刺激的心理反应,如喜欢、爱慕、悲伤、恐惧、愤怒、厌恶等。消费者喜欢或者厌恶某种产品,都是消费者情感的自然流露。有经验的品牌经营者早已看重这些,他们往往不遗余力地通过广告、公关等手段,挖掘品牌成长的潜力,触动消费者的情感,充分利用消费者的情感心理来提升品牌。

（四）消费者心理表现特征

1. 面子心理

在面子心理的驱动下，消费会超过甚至大大超过自己的购买力或者支付能力。营销人员可以利用消费者的这种面子心理，找到市场、获取溢价、达成销售。

2. 从众心理

从众指个人的观念与行为由于受群体的引导或压力，而趋向于与大多数人相一致的现象。消费者在很多购买决策上，会表现出从众倾向。比如，购物时喜欢到人多的商店；在品牌选择时，偏向那些市场占有率高的品牌；在选择旅游点时，偏向热点城市和热点线路等。

3. 推崇权威

消费者推崇权威的心理，在消费形态上，多表现为决策的情感成分远远超过理智的成分。这种对权威的推崇往往导致消费者对权威所消费产品无理由的选用，并且进而把消费对象人格化，从而达成产品的畅销。

4. 爱占便宜

刘春雄先生说过，"便宜"与"占便宜"不一样。价值50元的东西，50元买回来，那叫便宜；价值100元的东西，50元买回来，那叫占便宜。中国人经常讲"物美价廉"，其实，真正的物美价廉几乎是不存在的，都是心理感觉的物美价廉。

5. 害怕后悔

每一个人在做决定的时候，都会有恐惧感，他生怕做错决定，生怕他花的钱是错误的。按照卢泰宏先生提到的就是购后冲突。所谓购后冲突是指消费者购买之后出现的怀疑、不安、后悔等不和谐的负面心理情绪，并引发不满的行为。

6. 心理价位

任何一类产品都有一个"心理价格"，高于"心理价格"也就超出了大多数用户的预算范围，低于"心理价格"会让用户对产品的品质产生疑问。因此，了解消费者的心理价位，有助于市场人员为产品制定合适的价格，有助于销售人员达成产品的销售。

7. 炫耀心理

消费者炫耀心理，在消费商品上，多表现为产品带给消费者的心理成分远远超过实用的成分。正是这种炫耀心理催生了高端市场，在国内企业普遍缺乏核心技术的情况下，有助于获取市场，这一点在时尚商品上表现得尤为明显。

8. 攀比心理

消费者的攀比心理是基于消费者对自己所处的阶层、身份以及地位的认同，从而选择所在的阶层人群为参照而表现出来的消费行为。相比炫耀心理,消费者的攀比心理更在乎"有"——你有我也有。

四、任务实施

(一)实施要求

1. 交流讨论的内容

明确围绕"城市游客选择乡村旅游"这一主题进行讨论交流。要求:①理论联系实际;②明确自己的观点;③交流内容完整;④观点表达准确。

(乡村旅游)

2. 交流讨论的技巧

①交流表达要求表述清楚、流畅,语速适中;②交流表情要求面部表情自然、舒展;③交流姿态要求姿态大方得体,具有感染力。

(二)实施过程

1. 记录同组同学的观点。

_____
_____
_____
_____
_____
_____

2. 派代表汇总同学的观点并在班级内交流。

_____
_____
_____
_____
_____
_____

五、任务评价

项目四"消费者购买行为分析"任务考核共包含三个任务,满分 100 分。任务二"城市游客选择乡村旅游交流"占 40 分,其评价分值和标准如表 4.3 所示。

表 4.3 "城市游客选择乡村旅游交流"案例讨论交流评价标准

评价指标	基本完成任务	突出完成任务	评价成绩(40 分)
交流内容(20 分)	分析理由充分(5 分) 分析过程完整(5 分)	分析内容完整(5 分) 分析结论准确(5 分)	
交流表述(20 分)	表达清楚(10 分)	流畅、熟练(10 分)	

六、课后自测

(一)单选题

消费者会超过甚至大大超过自己的购买或者支付能力购买商品,这种消费者心理表现特征属于(   )。

A. 面子心理　　　　B. 从众心理　　　　C. 推崇权威　　　　D. 爱占便宜

(二)多项选择题

1. 消费者的购买过程一般表现为五个阶段,在收集信息阶段,消费者会从以下哪种途径取得信息?(   )

A. 个人来源　　　　B. 商业来源　　　　C. 公众来源　　　　D. 体会来源

2. 购买者"心理暗箱"由哪几个部分组成?(   )

A. 购买者的个人特性　　　　B. 购买者的决策进程

C. 购买者的产品观念　　　　D. 购买者的市场营销观念

3. 影响消费者购买决策的因素有(   )。

A. 环境因素　　　　B. 刺激因素

C. 消费者个人及心理因素　　　　D. 心理因素

4. 消费者心理表现特征(   )。

A. 面子心理和从众心理　　　　B. 推崇权威和爱占便宜

C. 害怕后悔和心理价位　　　　D. 炫耀心理和攀比心理

任务三 营销礼仪小故事交流

一、任务描述

要求学生正确理解并掌握营销礼仪相关知识,在此基础上,创作500字以内的"营销礼仪"小故事。

二、任务要求

要求小组成员通过查阅资料,结合所学知识点,编写小故事。故事内容必须体现营销人员礼仪以及营销活动礼仪等相关内容,能够弘扬营销人员的敬业精神。要求小组内成员积极参与,组内进行故事构思,理论结合实际,形成小组故事,小组讨论交流后结合考核指标进行互相点评,最后师生联合评出小组交流的团队成绩。

三、知识链接

(一)营销礼仪的概念

营销礼仪是指营销人员在营销活动中,用以维护企业或个人形象对交往对象表示尊重友好的行为规范,是一种无声的世界语,是一种国际通用的行为规范,是礼仪在营销活动中的一种运用和体现。

(二)营销礼仪的特征

营销礼仪作为市场营销工具之一,具有以下特征。

(1)营销礼仪主要是通过企业营销人员所表现出来的企业行为,而不是个人行为。

(2)营销礼仪超越情感沟通,讲究策划创意和传播效应。看重公众评价和反应,温情和爱是营销礼仪的最高境界。

(3)营销礼仪主要目的在于树立和维护企业良好形象,所以要着重强调企业文化的色彩。

(4)营销礼仪必须排除地域和民族的局限。针对不同的消费群体,应采取适当的且令人愉快的营销礼仪。例如:东西方普遍用的握手礼;西方的拥抱礼、吻礼;日本的90度鞠躬礼;泰国的合十礼;中国的拱手作揖礼等。

案例1:某公司招聘了一名勤杂工。有人问:"为什么选中这个男孩?他既没有介绍信也没有人引荐。"经理说:"他带来了许多'介绍信',他在门口蹭掉脚上的灰,进门后随手关上门,说明他做事小心仔细;当他看到那位残疾人时立即起身让座,说明他心地善良,体贴别人;进了办公室他先脱去帽子,回答我提出的问题干脆果断,证明他既懂礼貌又有教养;其他所有人都从我故意掉在地板上的那本书上迈过去,只有他俯身拣起那本书,并放回桌子上;当我和他交谈时我发现他衣着整洁,头发整齐,指甲干净。难道这不是最好的介绍信吗?"同学们,请思考一下勤杂工究竟带了什么"介绍信"。

(中国礼仪之见面行礼)

(三)营销人员礼仪

1.职业修养礼仪

社会的进步是人类对美的追求的结晶,人们在对美追求的同时要不断丰富自己的内心世界,营销人员作为企业的代表,承担着多方面的责任,营销职业修养礼仪又包含思想道德素质和业务素质。

思想道德素质修养。要尊老敬老爱老。老者,年事已高,他们为社会做出了一定贡献,理应得到社会的尊敬。例如"夕阳美"营销模式中主要服务对象是老年人,所以我们更应继承和发扬这一优良传统。

业务素质修养。要有强烈事业心,营销不仅是一种职业也是一种事业,有强烈事业心的人把事业的成功看得比物质报酬和享受更为重要;要具有丰富的专业知识,现代营销活动中我们要充分掌握企业产品、活动、顾客等多方面知识。

2.服饰礼仪

(1)男士着装——男士虽然不以外表取胜,但整洁、得体的着装可以让别人产生良好的信赖感,服饰礼仪应注意以下几方面。

①西装。西装要挺括、合体,最好与西裤同色,西装、衬衫、领带搭配要颜色协调,和别人谈话、打招呼时,西装第一粒纽扣要扣住,西装上衣口袋不要插笔,名片夹和笔放在西装左胸内侧口袋,香烟、打火机等放在右内侧口袋,两侧口袋不要放东西。

②衬衫。衬衫领头和衣袖要挺括,每天要更换衬衫,注意领口、袖口是否有污渍,衬衫下摆要放到裤子里面,衬衫的袖口以露出西装袖以外0.6厘米为宜。

③领带。领带系好后,领结不要过松,两端自然下垂,宽的一片略长于短的一片,长度以到皮带扣处为宜。

④皮鞋。男性一般穿没有花纹的黑色皮鞋,皮鞋要勤擦、上油以保持清洁,同时还要注意鞋子的舒适程度。

⑤袜子。男性穿西装时应穿黑色或深色不透明的中长筒袜子,千万不要穿破裂和白色或花

色的袜子。

（2）女士着装——女士生性好美，美的特性也很多，优雅的姿态能让人觉得很有教养，可赢得别人的好感，服饰礼仪应注意以下几方面。

①套装。正式场合女性以职业套装为主，少外露，得体大方，严禁穿着过艳和过于华丽的服装，要给别人一种精明、干练、成熟、洒脱的印象。着统一工装时，下身穿着黑色的西裤或裙子，裙子的长度以膝盖附近为宜。像背心、衬裙等内衣不要露在外衣外面。

②皮鞋。正式场合不要着布鞋和拖鞋，也不要着过于时髦的靴子和时装鞋，应穿素雅、端庄、大方的黑色中跟皮鞋。

③袜子。大多穿的是肉色的袜子，穿着时避免露出袜头，袜子要勤洗、勤换，千万不要着有破裂的袜子。

（职场着装礼仪）

案例2：行为科学家麦克尔·阿盖尔曾做过一个实验，他本人以不同的着装出现于同一地点，结果却截然相反：当身着西装的他以绅士模样出现时，过来向他问路或问时间的人看上去大多都属上流阶层的人；而当麦克尔扮成无业游民时，接近他的人以流浪汉居多。

3. 仪态礼仪

培根说过："论起美来，状貌之美胜于颜色之美，而适宜又幽雅的动作之美又胜于状貌之美。"这适宜又幽雅的动作之美指的就是仪态之美。

（1）站姿。头正、颈挺直、双肩展开向下沉、收腹、立腰、提臀，人体有向上的感觉；两腿并拢、膝盖挺直，小腿往后发力，人体重心前移；女士四指并拢虎口张开，双臂自然放松将右手搭在左手上，脚跟并拢脚尖分开呈"V"字形；男士双脚分开与肩同宽，也可呈"V"字形，双手握于小腹前，视线维持水平稍高。

（2）坐姿。入座时要轻稳，走到座位左侧前转身坐下，女士入座时若是裙装，应用手稍稍拢一下再坐。一般男士坐满椅子的2/3，女士则坐满椅子的1/2，上身保持站姿的基本姿势，并双膝并拢，两脚平行脚尖方向一致，双手自然弯曲放到膝盖或大腿上，男士也可以将手放到椅子或沙发的扶手上；起立时双脚回收半步，用小腿的力量将身体支起，不要用双手撑着腿站起来。

（3）走姿。以站姿为基础，面带微笑眼睛平视，双肩平稳，双臂自然且有节奏摆动，摆幅以30°～35°为宜；重心稍前倾，步幅要适当，一般以前脚的脚跟与后脚脚尖相距一脚长为宜；走路时挺胸抬头，不要三五成群、左右摇晃，也不要交叉抱臂、双手插兜行走。

(4)蹲姿。在取低处物品或捡落在地上东西时,要注意自己的蹲姿,控制好重心,双脚分开,慢慢把腰低下去。女子下蹲时左脚在前右脚稍后,两腿靠紧;男子下蹲时左脚全脚着地,小腿垂直于地面,右脚脚跟提起脚掌着地。

(5)神态。面对面交谈或听对方说话时,接触神态要自然,态度要落落大方,两眼视线落到对方鼻间,偶尔注视对方双眼。当诚心向对方询问时,双目直望对方眼睛可表现出你的热情。

4. 仪表礼仪

(1)头发。头发最能表现出人的精神状态,所以员工发型要大方得体,男性职员胡子要刮干净或修剪整齐;女性职员淡妆上岗能给人清洁健康的印象,不能浓妆艳抹,不宜用香味浓烈的香水。

(2)口腔。口腔要保持清洁,牙齿要刷洁白,上班前不能喝酒或吃有异味的食品。

(3)手部。双手要清洁,手部指甲不能太长,要修剪整洁;涂指甲油时尽量选用淡色。

(四)营销活动礼仪

1. 谋面礼仪

(1)微笑礼仪。据专家统计人的面部表情肌有30多种,能做出25种表情,例如:微笑、欢笑、大笑、狂笑、傻笑、嘲笑等。其中最常见的、损失最小的、收益最大的就是微笑!微笑的表情之所以动人是因为总能带给别人欢乐和幸福的感觉。正如罗杰·E.艾克斯泰尔所指出的:"有一个全世界通用的动作,一种表示,一种交流形式,它存在于所有文化与国家中,这就是微笑!"

内涵:微笑是人们对事物表达美好感情的外露,同时微笑也是自信、友好的表现,但微笑一定要发自内心。

练习:微笑时不发声、不露齿、肌肉放松、嘴角两端向上略微提起、面含笑意、亲切自然;练习时取一张厚纸遮住眼睛下边部位,对着镜子,鼓起双颊,为使双颊肌肉向里可念着普通话的"一"字音。

关键:微笑的关键在于眼里的笑容,不要只是嘴笑,脸和眼不笑。

(2)鞠躬礼仪。以站姿为基础,面带微笑、双手体前搭好;鞠躬时以臀部为轴心,将上身挺直向前倾斜,目光随身体倾斜自然下垂于脚尖1.5米处;鞠躬礼一般分为15°、30°和45°三种,鞠躬时应伴随相应问候;鞠躬的诀窍在于低头时动作要比抬头时缓,时间约为一呼一吸的长短。

(3)介绍礼仪。先介绍年长者再介绍年轻者,先介绍关系亲近的顾客再介绍其他顾客,先介绍客人再介绍同事,先介绍外籍人士再介绍本国人士,先介绍上级再介绍下级,先介绍本公司职员再介绍外公司职员,先介绍职务高的再介绍职务低的,先介绍重要客人再介绍公司干部。

(4)问候礼仪。热情、主动、耐心、周到是问候的基本要求,问候时要多用敬语、谦语和雅语,值得提醒的一点是作为营销人员一定要说好标准的普通话。

(5)握手礼仪。以诚挚友好的态度互相握住对方的右手,身体站立稍向前倾,视线注视对方眼睛或面部。握手力度太紧或无力,或时间过长都不好,握手时用双手握或弯腰使劲晃动都会使对方难堪。握手礼节上,应由主人、身份高的人、女士和长者首先伸出手,夫妇同行时遵照先男后女。

(6)名片礼仪。年龄轻者、拜访者和职位低者先递。递名片时文字向上,左手垫着右手,手指并拢,大拇指夹着名片右下方,以弧状方式递于对方胸前并低头致意,同时准确告诉自己公司名称、所属部门及本人姓名。接名片时应双手接受对方名片,看清对方名片轻念对方姓名,确认公司名及姓名,不认识的字及时询问。交换名片时应按职位高低的顺序或者由近及远,依次进行。不要犯以下错误:坐着接递名片,当面在接受名片上写字,把名片放到手里玩,交谈中忘记对方姓名而在客人面前慌忙翻找名片,从后裤兜掏名片,递名片时不告诉姓名,把接到的名片放置不理就离开。

2. 会议礼仪

是指在会务接待过程中,会议的主办单位、会议服务单位及相关工作人员对与会人员的礼仪。

(1)指示礼仪。给客人指示方向时,食指以下靠拢,拇指向内侧轻轻弯曲,前臂由上向下摆使手臂成一直线。

(2)引导礼仪。进入走廊时稍走到客人前面,并与客人协步同行,位置有所改变时以手势事先告知。下楼时自己在客人下方。门前引导时,若是内推门,自己先进客人后进;若是外拉门,客人先进自己后进。

3. 拜访礼仪

(1)拜访注意。拜访时服装整齐、仪表大方、彬彬有礼。所穿大衣应在进入打招呼以前就脱下来放到左手上,进入拜访处后放到衣挂上,如没有衣挂则放到座位附近,若旁边有人,放到椅背上比放在膝盖上好。严禁在拜访处吃、拿东西等不礼貌行为;递交物件要领:如递文件等,要把正面、文字对着对方方向递上。

(2)拜访步骤。①事先约定;②做好准备;③楼下整装;④入室内;⑤见面商谈;⑥道谢告辞。

4. 商务就餐礼仪和席位安排礼仪

(1)餐前礼仪。提前到达,熟悉菜品、用餐口味和禁忌,适宜点菜;餐前倒茶时要注意手部卫生,要起立按顺序倒。

(2)就餐礼仪。就餐时要适时让酒让菜,并注意餐具的卫生;不要大声咀嚼、狼吞虎咽,要照顾好每一位顾客,活跃桌上气氛;不要随意吸烟;离席时要打招呼;不要当面抱怨饭菜的质量或对服务员的不满;餐后不要当面用餐巾擦脸和化妆;也不要乱吐东西、不雅剔牙;结账时要离席,不要当面付款。

(网络社交礼仪)

企业案例

苏小姐怒赶推销员

炎夏的一天,居民区苏小姐家的门铃突然响了,正在忙家务的苏小姐打开门一看,迎面而立的是一位戴墨镜的年轻男士,但却不认识,因此狐疑地问:"您是……"这位男士也不摘下墨镜,而是从口袋里摸出一张名片,递给苏小姐,"我是保险公司的,专门负责这一地区的业务"。苏小姐接过名片看了看,不错,他的确是保险推销员。然而这位推销员的形象却打心底让她反感,便讲:"对不起,我们不投保险。"讲着就要关门。而这位男士动作却非常敏捷,已将一只脚迈进门内,挤了进来,一副极不礼貌的模样,在屋内打量"你们家房子装修得这么漂亮,真令人羡慕。但是天有不测风云,万一发生个火灾什么的,再重新装修,势必要花费更多钱,倒不如现在你就买份保险……"苏小姐越听越生气,直接把年轻男子赶了出去。

案例分析提示

上门推销财产保险本是一件好事,但苏小姐什么缘故会越听越气,最后赶走了这位推销员呢?是推销人员的礼仪方面出了问题。

第一,形象不行:不摘墨镜、从口袋中摸名片、擅自跨入房间等都引起了苏小姐的反感。

第二,态度不佳:按门铃后不主动向主人自报姓名,更令人不安,而进入房内以后四处打量人家的装潢,模样极不礼貌。

第三,出言不逊:开口就讲"天有不测风云,万一发生个火灾什么的,再重新装修,势必要花费更多钱……"没有一句入耳的话。如此的推销只能以失败而告终。

四、任务实施

(一)实施要求

1. 交流剧本内容

结合本节课所学的内容,借助自己的生活经验,编写"营销礼仪"小故事。要求:①理论联系实际;②内容构思独特;③故事叙述完整。

2. 交流故事的技巧

①交流表达要求表述清楚、流畅,语速适中;②交流表情要求面部表情自然、舒展;③交流姿态要求姿态大方得体,具有感染力。

(二)实施过程

1. 记录同组同学的构思灵感,并进行汇总整理。

2.派代表讲解组内小故事并在班级内交流。

五、任务评价

项目四"消费者购买行为分析"任务考核共包含三个任务,满分100分。任务三"营销礼仪小故事交流"占20分,其评价分值和标准如表4.4所示。

表4.4 "营销礼仪小故事交流"评价标准

评价指标	基本完成任务	突出完成任务	评价成绩(20分)
交流内容(10分)	故事选择恰当(3分) 故事完整(2分)	突出营销人员或营销活动礼仪(3分) 体现营销人员敬业精神(2分)	
交流表述(10分)	表达清楚(3分) 表达有条理(2分)	流畅、熟练(3分) 富有感染力(2分)	

六、课后自测

(一)多选题

鞠躬礼仪中,鞠躬礼一般分为(　　),鞠躬时应伴随相应问候,鞠躬的诀窍在于低头时动作要比抬头时缓,时间约为一呼一吸的长短。

A. 15° B. 30° C. 45° D. 60°

(二)简答题

假如你是一名营销人员,当你去拜访客户时应该注意哪些营销礼仪?

项目五 目标市场营销战略

课程思政

柞水县因柞树多而得名,而干枯的柞树木又十分适宜木耳的生长,所以柞水县的木耳远近闻名。然而传统的种植方式耗时长、产量低,很难形成规模。

"九山半水半分田"是柞水县的真实写照。田地稀少、产业匮乏,柞水全县有脱贫任务的村曾一度达79个,贫困发生率达44.04%。被穷困逼到了墙角的柞水人,决定从熟悉的木耳身上想办法。

为了做大做强木耳产业,柞水县联系国内食用菌领域的专家李玉院士。经过调研,李玉院士选取4个木耳品种在柞水县进行推广。同时,柞水县还向村民们推广空间利用率高的吊袋木耳栽培方式。

通过吊袋栽培方式生产出来的木耳,产量得到了极大提升。看到致富希望的柞水人开始大规模建设木耳种植大棚。截至目前,柞水县已建成大棚基地16个,发展木耳专业村42个。

经过近3年的发展,小木耳在科技的加持下,逐步变成大产业,形成原种研发、大田栽培、技术管理、分拣包装、仓储物流、精深加工的全产业链。现在,柞水县6944户产业扶持户都参与到木耳全产业链上,户均年增收5000元以上。

近年来,全国各地积极探索产业扶贫的新路径,打造集成全产业链体系,让小作物真正成为带动人民增收致富的大产业。

2013年11月习近平总书记在湖南考察时针对扶贫工作指出:"我们在抓扶贫的时候,切忌喊大口号,也不要定那些好高骛远的目标。把工作要做细,实事求是、因地制宜、分类指导、精准扶贫。"从而提出了精准扶贫的重要理念。其中,分类指导是精准扶贫战略的重要组成部分。从研究的角度,可以把分类指导及以后提出的分类施策、分类帮扶等要求及相关阐释统称为分类管理,对于精准扶贫实践具有重要的指导意义。精准扶贫就是"市场细分""目标市场""市场定位"在脱贫攻坚战中的营销再现。

学习目标

知识目标:掌握市场细分的概念、依据和作用,掌握市场细分的标准和步骤。

掌握目标市场的含义、具备的条件，以及目标市场的选择模式和营销策略。

掌握市场定位的含义、形式、策略和步骤。

能力目标：能够运用合适的标准和变量对产品市场进行细分。

初步具备目标市场营销意识以及对不同企业目标市场的观察能力和判断能力。

素质目标：培养并践行社会主义核心价值观。

培养营销人员的法律意识和职业道德。

树立中国制造大局观，培养质量意识、企业家精神和工匠精神。

增强社会责任感和奉献意识、竞争意识、担当意识。

任务一　产品市场细分

一、任务描述

该任务要求学生能够依据市场细分标准，选择合适的变量对手机、汽车、旅游、计算机等这几类产品的市场进行细分。

二、任务要求

企业在选择市场范围时，要使用不同的市场细分标准，根据不同消费者群体的差异，把整个市场细分为若干个子市场，为下一步选择自己的目标市场做准备。

三、知识链接

（一）市场细分的含义

市场细分就是企业根据市场需求的多样性和购买者行为的差异性，把整体市场即全部顾客和潜在顾客，划分为若干个具有某种相似特征的顾客群，以便选择、确定自己的目标市场。

（市场细分）

（二）市场细分的标准

一般而言，企业可以采用不同方式来细分市场，而且不同市场的细分标准可以有所不同。通常而言，细分是将潜在市场细分成消费者市场和组织市场。

对消费者市场而言，常用的细分标准有四类：地理细分、人口统计特征细分、心理细分、行为细分，可能的细分变量如下。

1. 地理环境因素

其主要是指消费者所处的地理环境和地理位置，包括地理区域（如国家、地区、南方、北方、城市、乡村）、地形、气候、人口密度、生产力布局、交通运输及通信条件等。

2. 人口和社会经济状况因素

它包括消费者的年龄、性别、家庭规模、收入、职业、受教育程度、宗教信仰、民族、家庭生命周期、社会阶层等。

（儿童剧市场细分）

3. 心理因素

这是按照消费者的心理特征细分市场，主要包括社会阶层、生活方式、个性、态度等变量。

4. 购买行为因素

这主要是从消费者购买行为方面的特性进行分析，如从购买动机、购买频率、偏爱程度及敏感因素（质量、价格、服务、广告、促销方式、包装）等方面判定不同的消费者群体。

（三）有效市场细分的条件

1. 可衡量性

可衡量性是指各个细分市场的购买力和市场规模大小应该是可以被识别、被衡量的。细分市场不仅有较为清晰的边界，而且还能大致判断该细分市场的规模大小。比如想要了解购买油性皮肤洗面乳的女性消费群体的规模有多大，她们的购买力和品牌选择怎样，这些情况都要有确切的实际调查资料来支撑。如果能做到这一点，这个洗面乳的细分市场才符合可衡量的原则，从而可实现有效的细分，有些细分变数是很难衡量的。

2. 可进入性

可进入性是指企业有能力进入到所选定的细分市场的程度。这主要表现在以下三个方面：一是企业具有进入这些细分市场的条件；二是能够把产品推广到该市场的消费者面前；三是产品能进入该市场。假设一个生产香水的企业，发现它的主要使用者是一些晚上出门的女性，除非这些使用者群居在一定的地点、在一定的地方选购，以及被一定的宣传工具所引导，否则，要进入这个细分市场是比较困难的。

3. 可盈利性

可盈利性是指企业所选定的细分市场的规模足以让企业有利可图。一个细分市场应该是适合制订独立的市场营销计划的最小单位，并且具有一定的发展潜力。如果细分市场无利可图，也没有发展潜力，那么这种细分市场既没有实际意义，也违背了企业投资获利的宗旨。

4. 可行性

可行性是指企业对自己所选择的细分市场，能否制订和实施有效的市场营销计划。企业对自己的市场从总体上可以细分出众多的分市场，但不是所有的细分市场都符合企业经营的能力。有的是技术上不能胜任，有的是由于人员、资金等方面的限制，尚不足以为细分市场制订和实施有针对性的市场营销计划。例如,一家小型航空公司,虽然可以分出七个细分市场,但是该公司的组织规模有限,员工太少,不足以为每个细分市场提供差异化服务。

企业案例

某知名化妆品公司进入中国市场至今,以其与众不同的优雅品牌形象,向公众充分展示了它的品牌理念。该企业成功的关键在于其独特的市场细分策略。公司从产品的使用对象进行市场细分,主要分成普通化妆品与专业化妆品。其中,专业化妆品主要是指美容院等专业经营场所使用的产品。公司从消费者对化妆产品期望的品种进行细分,如彩妆、护肤、染发护发等。在此基础上对每一品种按照消费者的化妆部位、颜色偏好、利益等再进一步细分,如按照人体部位不同将彩妆分为口红、眼影、腮红、睫毛膏等。就口红而言,进一步按照颜色细分为粉红、正红、橘红等。再按照口红品质差异将其分为保湿型、明亮型、滋润型等。如此步步细分,其旗下某品牌口红就达到150多种,而且基本保持每1—2个月就可以向市场推出新的款式。

由于中国地域广,南北、东西地区的气候、习俗、文化等不同,所以人们对化妆品的偏好具有明显的差异。如南方由于气温高,人们一般比较倾向于淡妆,而北方由于气候干燥以及文化习俗不同,一般都比较喜欢浓妆。此外,由于经济、观念等不同,人们对化妆品也表现出不同的要求。公司敏锐地意识到了这一点,按照地区推出不同的主打产品。不仅如此,公司还采用了更多的细分方法。按消费者对原材料的要求,开发专门的纯天然产品。从而,公司将化妆品市场细分到了极限地步。

讨论:市场细分发挥了怎样的作用使得化妆品公司取得经营上的成功?在市场细分时,选择了哪些细分标准与变量?

四、任务实施

(一)实施要求

市场细分有利于企业发现更好的市场机会,提高市场占有率。

1.公司在进行市场细分的时候,先要确定好产品的市场范围。
2.公司通过市场调研,能够列举出潜在顾客的不同需求。
3.了解不同潜在顾客的不同要求。
4.去掉潜在顾客的共同需求,以特殊需求作为细分标准。
5.根据潜在顾客基本需求上的差异,将其划分为不同的子群体或子市场,并赋予每一个子市场确定的名称。
6.进一步分析每一个细分市场的需求与购买行为的特点,分析其原因。
7.预估每一个细分市场的规模,并对细分市场的产品竞争状况和发展趋势做出分析。

(二)实施过程

1. 各小组讨论如何针对手机、汽车、旅游、计算机等这几类产品进行市场细分。

_____

_____

_____

_____

2. 派代表展示小组观点并在班级内交流互评。

_____

_____

_____

_____

3. 教师点评总结。

五、任务评价

项目五"目标市场营销战略"任务考核共包含三个任务,满分100分。任务一"产品市场细分"占40分,其评价分值和标准如表5.1所示。

表5.1 "产品市场细分"交流评价标准

评价指标	基本完成任务	突出完成任务	评价成绩(40分)
交流内容(20分)	细分标准选择恰当(8分) 细分标准选择完整(7分)	变量选择合适(3分) 能够理论联系实际(2分)	
交流表述(20分)	表达清楚(5分) 表达有条理(5分)	流畅、熟练(5分) 富有感染力(5分)	

六、课后自测

(一)单选题

1. STP战略是指( )。

A. 目标市场营销战略　　　　　　　B. 市场细分

C. 目标市场　　　　　　　　　　　D. 市场定位

2.生活方式、购买动机属于(　　)。

A.人口细分标准　　　　　　B.心理细分标准

C.地理细分标准　　　　　　D.行为细分标准

(二)多项选择题

市场细分的作用主要有(　　)。

A.有利于发现市场机会　　　B.有利于掌握市场特点

C.有利于制订市场营销组合策略　　D.有利于提高企业的竞争能力

任务二 目标市场营销策略

一、任务描述

请选择一家自己熟悉的企业,根据企业的产品及市场状况,分析一下企业采取的是哪种目标策略及该策略给企业带来的优势和劣势分别是什么。

二、任务要求

要求学生分组讨论,集思广益,以小组为单位,各小组派代表发言并互评。

三、知识链接

(一)目标市场的概念

目标市场是企业在对市场进行细分并对其评价的基础上,决定要进入的市场,即企业决定要销售和服务的目标客户群。目标市场是市场细分的目的,一旦确定了目标市场,企业就要集中所有的资源,围绕目标市场发挥其优势来获取最佳的经济效益。因此,目标市场是企业制订市场营销战略的基础,是企业经营活动的基本出发点之一,对企业的生存与发展具有重要意义。

(二)目标市场的选择模式

1. 密集单一市场模式

密集单一市场模式也称产品/市场集中型模式,是指企业只为某一类顾客群提供一种产品。这种模式通常被小企业所采用。

2. 产品专业化模式

产品专业化模式是指企业向各类顾客群提供同一系列产品。

3. 市场专业化模式

市场专业化模式是指企业为某一类顾客群提供多种产品,满足其多种需求。

4. 有选择的专业化模式

有选择的专业化模式是指企业选择多个细分市场,为每个细分市场提供不同的产品,每个细分市场之间很少有或者根本没有任何联系。

5. 完全覆盖市场模式

完全覆盖市场模式是指企业决定为不同需求的各种群体提供它所生产的各种不同的产品，力求满足所有的需求。

（企业选择目标市场的五种模式）

（三）目标市场营销策略的选择

1. 无差异化营销

无差异化营销主要是指面对细分的市场，企业看重各子市场之间在需求方面的共性而不注重它们的个性，不是把一个或若干个子市场作为目标市场，而是把各子市场重新整合成一个整体市场，并把它作为自己的主要目标市场。

2. 差异化营销

差异化营销是一种以市场细分为基础的目标市场策略。采用这种策略的企业，把产品的整体市场划分为若干细分市场，从中选择两个以上乃至全部细分市场作为自己的目标市场，并为每个选定的细分市场制订不同的市场营销组合方案，同时多方位或全方位地分别开展针对性的营销活动。

3. 集中性营销

集中性营销是指企业不是面向整体市场，也不是把力量分散于若干个细分市场，而是只选择一个或少数几个细分市场作为目标市场。其优点是适应了本企业资源有限这一特点，可以集中力量向某一特定子市场提供最好的服务，而且经营目标集中，管理简单方便，使企业经营成本得以降低，有利于集中使用企业资源，实现生产的专业化，实现规模效益。

（四）影响目标市场营销策略选择的因素

1. 企业资源

如果企业资源雄厚，可以考虑实施无差异化市场营销战略或差异化市场营销战略。否则，应实施集中性市场营销战略。

2. 产品同质性

产品同质性是指产品在性能、特点等方面的差异性大小。对于同质产品或消费者需求共性较大的产品，一般应实施无差异化市场营销战略。反之，对于异质产品，则应实施差异化市场营销战略或集中性市场营销战略。

3.市场同质性

如果消费者的需求、偏好较为接近,并且对市场营销刺激的反应差异不大,则应实施无差异化市场营销战略。反之,如果市场需求的差异较大,则应实施差异化市场营销战略或集中性市场营销战略。

4.产品的市场生命周期阶段

处在投入期或成长期的产品,市场营销的重点是启发和巩固消费者的偏好,应当实施无差异化市场营销战略或针对某一特定子市场实施集中性市场营销战略。当产品进入成熟期后,市场竞争激烈,消费者需求日益多样化,可以实施差异化市场营销战略开拓市场,延长产品生命周期。

5.竞争对手战略

一般来说,一个企业的目标市场战略应与竞争者有所区别,反其道而行之。如果强大的竞争对手实施的是无差异化市场营销战略,则企业应当实施集中性市场营销战略或更深一层的差异化市场营销战略;如果企业面临的是较弱的竞争者,可以采取与之相同的战略,凭借实力击败竞争对手。

企业案例

在电动汽车领域,美国电动汽车制造商特斯拉引人瞩目。高端时尚的纯电动汽车——这就是特斯拉一开始给自己的定位。

特斯拉的产品定位比较特殊,选择高端跑车作为切入口,既有技术优势,又有市场方面的考虑。与传统燃油跑车相比,特斯拉的产品性能具有独特性。

用户聚焦在高薪人群。这一人群往往接受新事物的能力强,有着较好的环保意识,并且具有更强的炫耀欲望。特斯拉"高端、时尚、节能"的定位契合了他们的需求。

特斯拉另一个价值传播的关键点在于,前期请影星、企业家等知名人士作为自己的第一批客户,并通过他们在社交媒体上引发讨论,在公众面前成功树立起品牌形象。

从创建PayPal到发射太空飞船,再到运营一家电动跑车公司,特斯拉创始人马斯克是一个擅长将不可能变成可能的人,更让消费者认为特斯拉是一个勇于探索未来、开创未来的公司。要想成为一个勇于探索、具有创新精神、有影响力的潮酷达人,拥有一辆特斯拉是最明显的标志。因此,特斯拉不仅仅是产品,还有其独特的精神内涵。

四、任务实施

(一)实施要求

1.分析企业的产品特色和宏观市场的状况。

2.分析选取的企业运用的是哪种目标市场策略。

3. 总结该目标市场策略能为企业带来什么优势。

4. 判断该目标市场策略有什么问题,以及给出改正的方向。

(二)实施过程

1. 各小组选择熟悉的企业讨论交流该企业采取的是什么目标市场营销策略,该策略给企业带来哪些优势和劣势,讨论后得出小组观点。

_____

_____

_____

_____

_____

2. 派代表展示小组观点并在班级内交流互评。

_____

_____

_____

_____

_____

3. 教师点评总结。

五、任务评价

项目五"目标市场营销战略"任务考核共包含三个任务,满分 100 分。任务二"目标市场营销策略"占 30 分,其评价分值和标准如表 5.2 所示。

表 5.2 "目标市场营销策略"交流评价标准

评价指标	基本完成任务	突出完成任务	评价成绩(30分)
交流内容(15分)	目标市场营销策略分析合理(4分) 目标市场营销策略分析完整(4分)	分析逻辑合理(4分) 能够理论联系实际(3分)	
交流表述(15分)	表达清楚(5分) 表达有条理(5分)	流畅、熟练(3分) 富有感染力(2分)	

六、课后自测

(一)单选题

1. 目标市场选择的模式有( )。

A. 4 种　　　　　　B. 3 种　　　　　　C. 5 种　　　　　　D. 6 种

2. 只向市场推出单一产品的是( )。

A. 集中性策略　　　B. 差异化策略　　　C. 分散性策略　　　D. 无差异策略

(二)多选题

目标市场营销的内容包括( )。

A. 市场细分　　　　B. 市场定位　　　　C. 营销战略　　　　D. 市场分析

E. 目标市场选择

任务三　云南白药市场定位

一、任务描述

要求每位同学对"云南白药与邦迪的贴身战"这一案例在小组内进行分析交流,并派代表在班级内交流。

二、任务要求

要求小组内成员积极参与讨论交流,理论结合实际,形成自己的观点,小组讨论交流后结合考核指标进行互评,最后师生联合评出小组交流的团队成绩。

云南白药与邦迪的贴身战

曾几何时,在消费者的眼中,邦迪就是创口贴的代名词。然而,2008年12月,邦迪忽然发现,在中国每年5亿元的小创伤护理品市场份额中,有将近50%不得不拱手让给云南白药,而对手的销售额从2001年的3000万元已经飙升至近3亿元。不经意间,云南白药创可贴一举超越邦迪,成为中国创可贴市场第一大品牌。

霸主一枝独秀

20世纪初,美国强生公司的一名员工埃尔·迪克森将粗硬纱布和绷带黏合在一起,发明了一种外科轻微创伤快速止血产品,公司将其命名为邦迪。这种具有弹性的纺织物与橡皮膏胶黏剂组成的长条形胶布,迅速风靡全球,成为强生起家的基石。

1992年,当这个美国强生公司的明星产品全面进入中国市场时,国内既有的一些创可贴遭到强生公司的"围剿"。此后数年,邦迪迅速横扫国内止血产品,成为中国市场的霸主。

2000年,曾经有人建议强生对创可贴产品进行升级,但在近乎垄断市场的前提下,邦迪既缺乏前进的动力,也无法找到自身的缺陷,更无法看到产品升级的方向。这样一家雄霸中国市场的巨头,不可能永远高高在上、无懈可击。

"黑马"卷土重来

把云南白药称为"黑马",有些抹杀这位中药巨头的"江湖地位"。毕竟在邦迪进入中国市场之前,它才是这里的"掌门人"。

1998年,云南白药销量暴降50%。销量下降的原因是市场疲软,需求不佳,销售的终端工作刚起步,对市场开发能力不足。这个曾经的霸主,似乎陷进了死角。谁来拯救云南白药?

1999年,具有丰富销售背景的王明辉临危受命,就任公司总经理。

在消费者的心目中,大家看到的创口贴就是邦迪,邦迪和创口贴紧密联系在一起。如果正面冲突,云南白药几乎没有抗衡邦迪的可能。摆在云南白药面前最大的问题,就是如何在产品研发上寻找破解邦迪独大的招数。一番苦心研究之后,王明辉发现邦迪创可贴严格来说并不是药,在消费者的认知中,邦迪创可贴胶布既不能消毒杀菌,也不能促进伤口愈合,云南白药找到了抗衡邦迪的机会:为胶布加点白药。邦迪是无药的胶布,而云南白药是有药的,这才是真的创口贴,核心差异马上建立起来了。

云南白药创口贴的含药定位,从实质上避开了与邦迪的正面冲突,胶布和药界限清晰,云南白药完全颠覆了邦迪主导的游戏规则。依靠这个重新构建出的创口贴新品类,云南白药无须在传统创口贴市场里与邦迪兵戎相见。而且这个创口贴新品类的标准,自然是由云南白药说了算的,由此云南白药迅速确立了竞争优势。

案例思考:
1. 云南白药是如何在邦迪一统天下中打开市场的?
2. 面对云南白药的步步围攻,你觉得邦迪应该如何应对?

三、知识链接

(一)市场定位的概念

市场定位是市场营销工作者用于在目标市场(此处目标市场指该市场上既有客户和潜在客户)的心目中塑造产品、品牌或组织形象,或个性的营销技术。企业根据竞争者现有产品在市场上所处的位置,针对消费者或用户对该产品某种特征或属性的重视程度,强有力地塑造出此企业产品与众不同的、给人印象鲜明的个性或形象,并把这种形象生动地传递给顾客,从而使该产品在市场上确定适当的位置。

(二)市场定位的原则

1. 属性及利益原则

它指的是产品本身所具有的属性以及由此带给消费者的利益会使消费者体会到产品的定位。

2. 价格和质量原则

它指的是消费者在购买某些产品时非常关心其价格和质量。因此,在对这些产品进行定位时,遵循价格和质量原则是突出企业形象的有效方法。

3. 产品用途原则

它指的是根据特定的使用场合及用途进行定位。为老产品找到一种新用途,是为该产品创造新的市场定位的好方法。

4. 使用者原则

它指的是企业常常试图将其产品指向某一类特定的使用者,以便根据这些顾客的看法塑造恰当的形象。

5. 档次原则

它指的是产品一般分为高档、中档、低档三个档次,企业可以根据自己的实际情况进行选择。

6. 竞争地位原则

它指的是在对产品进行定位时,可以从与竞争有关的方面进行。

7. 多重因素原则

它指的是企业可以从多个层次或者依据多重因素对产品进行定位,使产品给消费者的感觉是产品的特征较多,具有多重作用或效能。

(爱彼迎)

(三)市场定位的方法

1. 创新定位

创新定位是指寻找新的尚未被占领但有潜在市场需求的位置,其目的是填补市场上的空缺,生产市场上没有的、具备某种特色的产品。采用这种定位方式时,公司应明确创新定位所需的产品在技术上、经济上是否可行,有无足够的市场容量,能否为公司带来合理而持续的盈利。

2. 迎头定位

迎头定位是指企业根据自身的实力,为占据较佳的市场位置,不惜与市场上占支配地位的、实力最强或较强的竞争对手发生正面竞争,而使自己的产品进入与对手相同的市场位置。

其优点是竞争过程中往往引人注目,甚至产生轰动效应,企业及其产品可以较快地被消费者或用户所了解,易于达到树立市场形象的目的。但它的缺点是具有较大的风险。

3. 避强定位

避强定位是指企业力图避免与实力最强的或较强的其他企业直接发生竞争,而将自己的产品定位于另一市场区域内,使自己的产品在某些特征或属性方面与最强或较强的对手有比较显著的区别。

避强定位的优点是能使企业较快地在市场上站稳脚跟,并能在消费者或用户中树立形象,风险小。但是避强往往意味着企业必须放弃某个最佳的市场位置,很可能使企业处于最差的市场位置。

4.重新定位

公司在选定了市场定位目标后,如定位不准确或虽然开始定位得当,但市场情况发生变化时,遇到竞争者定位与本公司接近,侵占了本公司部分市场;或由于某种原因消费者或用户的偏好发生变化,转移到竞争者方面时,就应考虑重新定位。重新定位是以退为进的策略,目的是为了实施更有效的定位。

王老吉的市场定位

2002年,王老吉主要在广东、江南进行销售,销售额稳定在1亿元。为了寻求自身的突破,王老吉团队开始重新进行品牌定位,力求打开全国市场。困扰王老吉重新定位的核心问题是红罐王老吉当作"凉茶",还是作为"饮料"来卖?经过一系列的市场调查,王老吉团队发现,广东的消费者饮用王老吉主要是在登山、烧烤等场合,其原因是户外运动容易上火、吃烧烤容易上火,所以喝王老吉,当地消费者对于王老吉的认知是一个功能饮料。其团队进一步对竞争对手调查后发现,菊花茶、清凉茶等由于缺乏推广,并未占据"预防上火饮料"的位置,而可乐、茶饮料、奶制品等则不具备此功能。"预防上火"正是消费者购买红罐王老吉的主因。王老吉团队经过研究发现,中医几千年来形成的"清热祛火"观念在全国各地很普及,"怕上火"的理念也早已深入人心。于是,"预防上火的饮料"定位应运而生,一句"怕上火,喝王老吉"震动了饮料市场,为人们津津乐道,也迅速打开了全国市场。

定位成功后的王老吉,在2008年销售额突破百亿元大关,是当时国内唯一打败可口可乐、百事可乐的本土饮料企业。

四、任务实施

(一)实施要求

1. 分析和识别案例中云南白药潜在的竞争优势。
2. 分析云南白药怎样使自己的产品与现存的竞争者产品在市场形象上得以区别,即准确选择竞争优势。
3. 总结云南白药市场定位的策略,有什么优点和缺点。
4. 分析竞争对手可能采取什么策略。

(二)实施过程

1. 小组交流讨论"云南白药市场定位"案例,得出小组观点。

2.派代表展示小组观点并在班级内交流互评。

3.教师点评总结。

五、任务评价

项目五"目标市场营销战略"任务考核共包含三个任务,满分100分。任务三"云南白药市场定位"占30分,其评价分值和标准如表5.3所示。

表5.3 "云南白药市场定位"交流评价标准

评价指标	基本完成任务	突出完成任务	评价成绩(30分)
交流内容(15分)	竞争优势分析合理(4分) 市场定位策略提炼准确(4分)	分析逻辑合理(4分) 能够联系生活场景(3分)	
交流表述(15分)	表达清楚(5分) 表达有条理(5分)	流畅、熟练(3分) 富有感染力(2分)	

六、课后自测

简答题

1.市场定位策略有哪些?

2.市场挑战者通常采用哪些策略?

项目六 4Ps营销策略

课程思政

医疗服务价格直接关系着老百姓的"钱袋子",也与公立医疗机构高质量发展紧密相关。国家医保局等八部门日前联合印发《深化医疗服务价格改革试点方案》,探索形成可复制推广的医疗服务价格改革经验。

深化医疗服务价格改革不是单纯的定价调价问题,更不是用单边涨价来代替改革,而是要在促进公平、增进福祉等方面发挥作用。

集采降价降费减轻了老百姓的负担,为医疗服务价格赢得了改革窗口,国家医保局明确指出,要完善配套措施确保群众负担总体稳定。事前做好调价可行性的评估,不能偏离控制医药费用过快增长、提升社会效益的基本前提;事中分析调价影响,重点关注特殊困难群体;事后做好协同,将调价部分按规定纳入医保支付范围。

国家医保局再次强调,深化医疗服务价格改革既需要医疗服务能力"上台阶"、医疗技术上水平,也需要把负担控制在全社会能够承受的范围内,平衡好"医院看得好病"和"群众看得起病"的关系。不断降低药品收费标准,让老百姓看得起病,正是价格调整策略在医疗市场中的体现。

学习目标

知识目标:掌握4Ps营销组合理论的内容。

理解营销组合策略。

能力目标:能够把所学的"产品、价格、分销、促销"营销组合策略运用于营销实践中。

小组完成营销方案的设计。

掌握营销方案撰写技能。

素质目标:本项目重点培养学生"统筹安排能力"和"开拓创新能力"。

任务一　品牌名称和标志设计

一、任务描述

该任务要求学生将品牌策略的内容应用于实践,结合相关项目和资料,为特定产品或者店铺设计品牌名称和标志,并对此设计进行阐述分析。

二、任务要求

该任务要求学生根据品牌设计思路和方法的具体要求,从消费者认知心理和消费模式角度出发,设计某一产品或店铺的品牌名称和标志,使设计的品牌新颖、有创意及吸引力。

三、知识链接

(一)品牌要素

品牌设计的目的是将企业的产品与竞争对手的产品区别开来,主要包括以下三方面内容。

1. 名称

品牌名称是指直接可以用语言表达或称呼的部分,是品牌概念的基础和核心。一个好的品牌名称应该能让消费者从认知、接受,到产生好感,再到产生忠诚度。好的品牌名称会让消费者产生无限联想。

2. 标志

品牌标志是指易于识别的图案、图形和符号。比起复杂的文字,特定的图案、图形便于消费者记忆,更容易从一些符号中产生联想,一张简单的图片和符号可能会包含深刻的含义,成功的品牌标志和品牌名称融为一体,可以让消费者由品牌标志联想到品牌名称,进而联想到品牌内涵。

3. 商标

商标是注册的品牌,商标需要国家权力机构依法审核后获取,注册后意味着获得了商品品牌所有权,受法律的保护,是企业的知识产权,也是企业无形资产的一部分。

(二)品牌功能

1. 识别功能

识别功能要求品牌一定要形成视觉形象,具有个性,消费者需要根据品牌这一功能在产品类别中选择自己的购买对象。

2.信誉功能

信誉功能代表品牌的承诺和保证,品牌一定要通过提供产品的功能特征和利益,来满足消费者的需求。品牌要与消费者建立长久的、稳定的关系,获得消费者的信任。

3.价值功能

价值功能是品牌作为无形资产的功能,品牌所代表的意义、品质和特征可以产生品牌价值。品牌能够提供给顾客比一般产品更多的价值或利益,可以是功能性的,也可以是心理性的。品牌能够让消费者愿意为购买一个品牌而支付更多的钱,可以使企业形成市场竞争优势。

四、任务实施

(一)实施要求

要求各小组根据自己店铺的产品设计品牌名称和标志,设计思路和方法要符合要求,设计好后各小组交流各自的品牌设计理念和思路。

(二)实施过程

品牌名称和标志的设计,具体思路和方法如下。

1.品牌名称设计

(1)设计要求。

①易懂好记,便于传播沟通。品牌名称的选择不宜选用生僻字,大多数人应该认识,读起来朗朗上口,文字简洁好记,富有节奏感,易于传播。②具有鲜明的个性。优秀的品牌都是与众不同的,独特的。不一样的名字会给人留下深刻的印象,让人过目不忘。③包含产品功能或利益。品牌名称可以直接表示产品的用途,消费者可以从品牌名称看出产品带给自己的利益,这也是品牌命名的一个重要出发点。

(2)设计思路。

以目标消费者为出发点,充分考虑消费者的利益诉求,站在他们的视角为品牌命名。

①品牌定位。品牌定位的核心是体现品牌的核心价值,核心价值又可以从品牌的典故、功能、个性和风格方面去挖掘。②鲜明的描述。简洁明了、富有感染力的名称,能够表达品牌特征,能够牢牢吸引消费者,有利于迅速传播,增强品牌的影响力。

(3)常用方法。

①人名(公司名)作品牌名。如"张小泉""李宁""福特"等。②地名作品牌名。如"茅台酒""青岛酒""上海牌手表"等。③动物名作品牌名。如"小天鹅""狼""白象"等。④花草树木名作品

牌名。如"春兰""水仙""菊花""椰树"等。⑤数字或数字与文字组合作品牌名。如"858""7-11""三枪"等。⑥"宝"字作品牌名。如"大宝""健力宝""青春宝"等。⑦产品的组合作品牌名。如"两面针""玉兰油""Coca-Cola"等。⑧产生美好联想的词作品牌名。如"美的""水芳""美加净"等。⑨产品的功能作品牌名。如"健力宝""脑轻松""保龄参"等。⑩象征地位的名称作品牌名。如"太太""老板""豪门"等。⑪创造性名称作品牌名。如"Kodak""Intel""海尔"等。⑫组合英文首字母作品牌名。如"NEC""IBM""3M"等。

2.品牌标志设计

(1)设计要求。

①简洁、精炼。品牌标志设计既简洁,又精炼,才能使人过目不忘,百看不厌。一般来说,符号和图形较受喜爱。简洁的符号、图形符合人们记忆规律的特点,并且能够超越民族、语言以及文化程度的限制,容易被消费者识别、记忆。"三菱""耐克"等著名品牌简洁、精炼的标志设计是成功的。②独特、新颖。品牌标志要有创意,独特新颖的图案、图形、符号更能引起人们的注意。品牌的独特性、新颖性越强,越能吸引消费者,越能与竞争者的产品区别开来。世界著名品牌标志一般都是创意性很强的图案、图形或符号。

(2)设计思路。

①品牌标志要力求与品牌名称的内涵一致;②品牌标志要力求与目标消费群体定位一致;③品牌标志要力求与产品功能、质量、档次等定位一致;④品牌标志要力求与企业经营理念、企业精神等定位一致。

(3)设计方法。

①"名称标志"设计。把名称与标志合二为一,把品牌名称进行艺术性设计,可以作为与众不同的品牌标志。如NEC、IBM等。②"符号标志"设计。直接运用"符号、几何图形"作为品牌的标志。这种设计是"抽象标志"设计,运用特定的符号和图形象征性表示品牌的内涵。"抽象标志"设计要求简洁、新颖,给消费者新鲜的感觉、含蓄的示意或情感的共鸣。如日本"三菱"电机是由三个菱形符号组成的,"耐克"是由"✔"符号表示。③"图案标志"设计。用"形象图案"直接表现品牌的内涵及产品的特征。设计时应该注意形象图案要鲜明,图案就是企业的形象、产品的特色。例如中国的"中华"香烟,日本的"麒麟"啤酒等。形象图案富有感染力、趣味性、活泼性,能与消费者拉近距离,如"海尔"两个活泼天真的儿童形象,"麦当劳叔叔"亲切、可爱的形象等。

(品牌标志样例)

任务实例

我们小组开设的是服装店,我们设计的品牌店名是"叶衣耶",以下是取名原因。

开设在校内的服装品牌是以时尚、潮流、青春的主旨为特色。在校内没有竞争者,但是在网络上有众多店铺,打出影响力,取个好店名尤为重要。

店铺的英文名是"Tiafs",音译是叶。叶子的寓意有很多,绿色代表了活力、希望和幸运,黄色象征凋零与悲伤。能让顾客随着心情的变化选择不同颜色的衣服。

中文名是"叶衣耶",读起来朗朗上口,也能突出我们的核心内容。"Tiafs"的全称是:There is a fashion shop,译为"这是一家时装店"。首字母组成品牌名,简洁明了,也可以给顾客留下深刻的印象,从而吸引青年顾客进店选购。服装品牌的 logo"Tiafs"也是由此组成,利用组合字母体现品牌的特色为时尚潮流,印在衣服上会很漂亮。

叶衣耶(Tiafs)的服饰印花 logo

我们在线上也开设了店铺,因为品牌还未打出名声,我们暂用"港风衣舍"为店名(目的是增加搜索流量)。

叶衣耶(现用店名港风衣舍)网店招贴

电商 2011 班小组作业

五、任务评价

项目六"4Ps营销策略"任务考核共包含四个任务,满分 100 分。任务一"品牌名称和标志设计"占 25 分,其评价分值和标准如表 6.1 所示。

表 6.1 "品牌名称和标志设计"评价标准

评价指标	基本完成评价标准	达到要求评价标准	成绩(25分)
品牌名称设计(13分)	能够从消费者认知的角度进行设计。名称设计个性鲜明、独特(7分)	设计说明充分、正确，有说服力(6分)	
品牌标志设计(12分)	符合消费者视觉记忆规律。设计简洁、图案好记，易于传播(7分)	标志设计说明充分、正确，简单有说服力(5分)	

六、课后自测

简答题

1. 简述品牌名称设计的方法。
2. 谈一谈本组在设计品牌标志时遇到了哪些困难，是怎么克服的。

任务二　价格计划方案设计

一、任务描述

该任务要求学生将价格策略理论应用于营销实践，结合相关项目和资料，为某产品制定合理的价格，设计具体的"价格计划方案"。

二、任务要求

该任务要求掌握价格计划方案中常用的三种定价方案设计的步骤、计算方法及分析思路。在教师的指导下，各小组完成"价格计划方案"。

三、知识链接

（一）价格构成

价格由生产成本、流通费用、税金和利润构成。生产成本与流通费用组成产品成本，产品成本是企业制定价格时的最低界限，定价低于产品成本时，企业会产生亏损。在市场竞争中，产品成本低的企业具有有利的价格竞争优势。

（二）影响定价的因素

1. 影响定价的内部因素

①定价目标。企业定价目标有"利润最大化定价""市场最大化定价""应对竞争定价""维持生存定价"等，根据不同目标制定不同价格。②产品差异性。根据产品的质量、款式、品牌、包装和服务等特点进行定价。③企业销售能力。根据企业销售力量进行定价。

2. 影响定价的外部因素

①市场需求。根据需求能力、需求强度、需求层次进行定价。②政府力量。企业定价要受政府干预，表现为一系列经济法规制约企业的定价行为。③竞争者力量。企业定价无时不受到其竞争者定价行为的影响和约束，定价时必须考虑竞争对手的定价情况。

（三）定价策略

1. 新产品定价策略

该策略是指根据新产品投入市场的不同营销目标进行定价，采用的定价策略有：①撇脂定价策略；②渗透定价策略；③满意定价策略。

2.产品组合定价策略

该策略是指根据产品不同结构进行定价,采用的定价策略有:①产品线定价策略;②相关产品定价策略;③产品群定价策略。

3.折扣定价策略

该策略是指根据产品交易对象、交易量、交易方式、交易时间不同进行定价,采用的定价策略有:①现金折扣;②批量折扣;③一次性折扣;④累计折扣;⑤交易折扣;⑥季节折扣。

4.心理定价策略

该策略是指根据消费者对价格的不同心理反应进行定价,采用的定价策略有:①尾数定价;②整数定价;③声望定价;④习惯定价;⑤招徕定价。

(四)定价方法

1.成本导向定价法

成本导向定价法是以产品单位成本为基本依据,再加上预期利润来确定价格的定价方法,是中外企业最常用、最基本的定价方法。成本导向定价法又衍生出了总成本加成定价法、目标收益定价法、边际成本定价法、盈亏平衡定价法等几种具体的定价方法。

(1)总成本加成定价法。在这种定价方法下,把所有为生产某种产品而发生的耗费均计入成本的范围,计算单位产品的变动成本,合理分摊相应的固定成本,再按一定的目标利润率来决定价格。

(2)目标收益定价法。目标收益定价法又称投资收益率定价法,是根据企业的投资总额、预期销量和投资回收期等因素来确定价格。

(3)边际成本定价法。边际成本是指每增加或减少单位产品所引起的总成本变化量。由于边际成本与变动成本比较接近,而变动成本的计算更容易,所以在定价实务中多用变动成本替代边际成本,而将边际成本定价法称为变动成本定价法。

(4)盈亏平衡定价法。在销量既定的条件下,企业产品的价格必须达到一定的水平才能做到盈亏平衡、收支相抵。既定的销量就称为盈亏平衡点,这种制定价格的方法称为盈亏平衡定价法。科学地预测销量、固定成本及变动成本是盈亏平衡定价的前提。

2.竞争导向定价法

在竞争十分激烈的市场上,企业通过研究竞争对手的生产条件、服务状况、价格水平等因素,依据自身的竞争实力,参考成本和供求状况来确定商品价格。这种定价方法就是通常所说的竞争导向定价法。

(1)随行就市定价法。在垄断竞争和完全竞争的市场条件下,任何一家企业都无法凭借自己的实力在市场上取得绝对的优势,为了避免竞争,特别是价格竞争带来的损失,大多数企业都采用随行就市定价法,即将本企业某产品价格保持在市场平均价格水平上,利用这样的价格来获得平均报酬。此外,采用随行就市定价法,企业就不必去全面了解消费者对不同价差的反应,也不会引起价格波动。

(2)产品差别定价法。产品差别定价法是指企业通过不同营销策略,使同种同质的产品在消费者心目中树立不同的产品形象,进而根据自身特点,选取低于或高于竞争者的价格作为本企业产品价格。因此,产品差别定价法是一种进攻性的定价方法。

(3)密封投标定价法。在国内外,许多大宗商品、原材料、成套设备和建筑工程项目的买卖、承包以及出售小型企业等,往往采用发包人招标、承包人投标的方式来选择承包者,确定最终承包价格。一般来说,招标方只有一个,处于相对垄断地位,而投标方有多个,处于相互竞争地位。标的物的价格由参与投标的各个企业在相互独立的条件下来确定。在买方招标的所有投标者中,报价最低的投标者通常中标,它的报价就是承包价格。这样一种竞争性的定价方法就称作密封投标定价法。

3. 撇脂定价法

新产品上市之初,将价格定得较高,在短期内获取厚利,尽快收回投资。就像从牛奶中撇取所含的奶油一样,取其精华,称之为"撇脂定价"法。

这种方法适合需求弹性较小的细分市场,其优点是:①新产品上市时,顾客对其无理性认识,利用较高价格可以提高身价,适应顾客求新心理,有助于开拓市场;②主动性大,产品进入成熟期后,价格可分阶段逐步下降,有利于吸引新的购买者;③价格高,限制需求量过于迅速增加,使其与生产能力相适应。其缺点是:不利于扩大市场,并很快招来竞争者,会迫使价格下降,好景不长。

4. 渗透定价法

在新产品投放市场时,价格要尽可能低一些,其目的是获得最高销售量和最大市场占有率。

当新产品没有显著特色、竞争激烈、需求弹性较大时宜采用渗透定价法。其优点是:①产品能迅速为市场所接受,打开销路,增加产量,使成本随生产发展而下降;②低价薄利,使竞争者望而却步,减缓竞争,获得一定市场优势。

对于企业来说,采取撇脂定价还是渗透定价,需要综合考虑市场需求、竞争、供给、市场潜力、价格弹性、产品特性、企业发展战略等因素。

5. 认知定价法

越来越多的企业已经开始把它们的价格建立在消费者对产品的认知价值上,因为随着科技的迅速发展,生产力得到了大幅度的提高,许多产品定价的关键,不再只是单纯地去考虑卖方的成本,还要注重买方对所需产品的价值认知程度。

认知定价法的关键是要正确地估计消费者的认知价值。如果估计过高,会导致定价过高,影响产品的销售；如果估计过低，会导致定价过低，产品虽然卖出去了，却不能达到定价绩效的目标。当产品的价格水平与消费者对产品价值的理解和认识程度大体一致或者略低时，消费者就很容易接受这种产品；反之，消费者就不会接受这种产品，产品就很难销售出去。运用认知定价法一定要注意把自己的产品和竞争者的产品进行比较，准确地确定市场对产品的认知。如果对自己的产品估计过高，会将产品定价过高，如果对认知价值估计过低，又会使价格低于它们能够达到的水平，影响企业实现利润最大化的目标。所以，在确定产品的认知价值时，有必要进行市场调研。认知定价法一般是用于企业推出新产品或进入新市场时所采用的定价法，具体做法是：企业以计划好的质量和价格为一特定的目标市场提供一种新产品概念时，首先估计消费者对该产品的接受程度；其次预测在这一价格水平下产品的销售量，并据此估算必需的生产能力、投资额和单位产品成本；最后综合所有情况和数据，测算这种产品的盈利水平，如果盈利令人满意，企业就投资开发此产品，否则，就放弃开发。

（星巴克的价值定价法）

6. 需求定价法

市场需求是影响产品定价的一个重要因素，企业产品的价格高低，直接受到市场需求的牵动。采取需求定价法，就是根据市场需求的强弱力参照系，来确定本企业产品价格的高低。

四、任务实施

（一）实施要求

各小组结合下面提供的"豆粒"豆奶企业资料，设计目标利润定价方案，包括方案分析和分析结论。[注：出厂价格＝单位变动成本＋（固定成本＋预期利润）÷预期销售量；零售价格＝单位价格×（1＋商业加成率）]

（二）实施过程

根据财务部门提供的成本信息，"豆粒"豆奶的成本构成如下。

(1) 厂部生产线提供上海地区30%的需求量，每年可提供1700万盒（每盒250毫升）。

(2) 分摊的固定费用为：①月折旧费20万元、年折旧费240万元；②月管理费13.33万元、年管理费159.96万元。

(3) 单位产品的变动费用（按目前市场价格计算）：①豆浆、牛奶配方原料为每1000毫升0.40元；②辅料费用为每1000毫升0.24元；③包装费用为每盒0.10元；④人工费用为每盒0.10元；⑤储运费用为每盒0.07元；⑥销售费用为每盒0.08元；⑦税金为每盒0.06元。

(4) 经预测,2018年市场需求为1400万盒。总公司要求"豆粒"豆奶净利润目标为150万元,商业加成率为33%。

(5) 竞争对手市场价格情况如表6.2所示。

表6.2 竞争对手市场价格

品牌	品种	容量	市场零售价
维他奶	维他奶	100毫升	0.80元
维他奶	维他奶	250毫升	1.30元
维他奶	朱古力	250毫升	1.30元
正齐和	城市奶	250毫升	1.50元
携与成	豆奶	250毫升	2.00元
杭州明光	巧克力奶	200毫升	2.00元
杭州明光	纯鲜奶	200毫升	2.00元
杭州明光	纯鲜奶	250毫升	2.30元

"目标利润"价格方案:

方案分析:

分析结论:

企业案例

根据财务部提供的成本信息,"鸿门"老酒的两个品种的成本构成如下:

(1)厂部生产线提供该产品的生产能力为每年250万瓶(500毫升)。所分摊的固定费用为:"黑色醇香"月折旧费47.5935万元;"红色峥嵘"月折旧费20.3477万元;两个品种的月管理费用是一样的,都为13.0731万元。

(2)"黑色醇香"的单位变动费用(按目前市场价格计算):原料费用为2000毫升4.00元;辅料费用为2000毫升2.40元;包装费用为每瓶0.30元;人工费用为每瓶0.70元;储运费用为每瓶0.40元;销售费用为每瓶0.80元;税金为每瓶1.00元。单位变动费用共计4.80元。

(3)"红色峥嵘"的单位变动费用(按目前市场价格计算):原料费用为2000毫升2.48元;辅料费用为2000毫升2.40元;包装费用为每瓶0.30元;人工费用为每瓶0.70元;储运费用为每瓶0.40元;销售费用为每瓶0.80元;税金为每瓶0.70元。单位变动费用为4.12元。

另外,市场部提供了2014年"鸿门"老酒下列资料:

(1)由于对市场需求估计不足,作为新产品的"鸿门"只生产了130万瓶,两个品种各为65万瓶。市场对此产品反映很好,供不应求率为25%。2014年产品价格是按"成本加成法"定价的。

(2)据市场调查分析,2014年市场需求量可以达到上千万瓶,厂部确定2016年两个品种的销售目标各为100万瓶。目标利润定为"黑色醇香"624万元,"红色峥嵘"376万元,共计1000万元。

(3)据调查,主要竞争对手"和酒"的市场零售价格"五年陈"15元,"八年陈"23元。在高档黄酒市场具有很高的市场占有率。

(4)据有关信息透露,2014年"和酒"将进一步占领市场,必然对"鸿门"老酒进行封杀。为了应对这一可能,公司准备减少固定成本的补偿,"黑色醇香"只需补偿200万元,"红色峥嵘"只需补偿100万元,共计300万元。

价格方案设计与分析:

经分析,2014年产品定价并不合理,根据上述资料及市场的有关信息情况,对2014年的价格计划进行方案设计,制定目标利润价格方案。

2016年"目标利润"定价方案分析:

黑色醇香:出厂价格$=4.8+[(7279992+6240000)\div1000000]=18.32$元

零售价格$=18.32\times1.25=22.9$元

红色峥嵘:出厂价格$=4.12+[(4010496+3760000)\div1000000]=11.89$元

零售价格$=11.89\times1.25=14.86$元

分析:

(1)此价格方案能够实现2016年目标利润:"黑色醇香"624万元,"红色峥嵘"376万元。

(2)此价格方案具有可行性,已准确预测了市场需求200万瓶。2014年的130万瓶是被低估的,实际需求量大于130万瓶。产品上市已有2年,根据产品生命周期正处于成长期,预估销售量增长率在10%以上。

(3)此价格方案只具有微弱的竞争优势。与"和酒八年陈"23元,只相差0.1元,与"和酒五年陈"15元,只相差0.14元;如果"和酒"一旦降价,连这些微弱的价格优势也没有了,竞争会处于被动局面。

五、任务评价

项目六"4Ps营销策略"任务考核共包含四个任务,满分100分。任务二"价格计划方案设计"占25分,其评价分值和标准如表6.3所示。

表6.3 "价格计划方案设计"评价标准

评价指标	基本完成评价标准	达到要求评价标准	成绩(25分)
目标利润价格方案设计(25分)	依据歧义利润目标设计方案(5分) 方案分析有依据(5分) 方案计算准确(4分) 方案结论合理,有建设性建议(4分)	数据选取无误(3分) 分析准确全面(4分)	

六、课后自测

简答题

1.简述企业定价的常用方法。

2.影响企业定价的因素有哪些?

任务三　分销计划方案设计

一、任务描述

通过本任务训练,学生充分认识分销策略的运用,能够为某一产品开拓销售渠道,设计具体的"分销计划方案"。

二、任务要求

本任务要求学生将分销策略理论运用于营销实践,根据市场需求状况,选择最佳的分销策略,对分销计划的"长度""宽度""成员"等方案进行设计。

三、知识链接

(一)分销渠道的含义和特点

所谓分销渠道是指某种产品和服务在从生产者向消费者转移的过程中,取得这种产品和服务的所有权或帮助所有权转移的所有企业和个人。因此,分销渠道包括商人中间商(他们取得所有权)和代理中间商(他们帮助转移所有权)。此外,还包括处于渠道起点、终点的生产者、最终消费者或用户,但不包括供应商和辅助商。

分销渠道反映某一特定商品价值实现的过程和商品实体的转移过程。分销渠道一端连接生产,另一端连接消费,是从生产领域到消费领域的完整的商品流通过程。在这个过程中,主要包含两种运动:一是商品价值形式的运动(商品所有权的转移,即商流);二是商品实体的运动(即物流)。

分销渠道的主体是参与商品流通过程的商人中间商和代理中间商。

商品从生产者流向消费者的过程中,商品所有权至少转移一次。大多数情况下,生产者必须经过一系列中介机构转卖或代理转卖产品。所有权转移的次数越多,商品的分销渠道就越长;反之,越短。

在分销渠道中,与商品所有权转移直接或间接相关的,还有一系列流通辅助形式,如物流、信息流、资金流等,它们发挥着相当重要的协调和辅助作用。

(二)分销渠道的类型

按商品在流通过程中经过的流通环节的多少,分销渠道可划分如下几种类型。

1. 直接渠道

直接渠道是指没有中间商参与,产品由制造商直接销售给消费者和用户的渠道类型。如上门推销、电视直销和网上直销等。直接渠道是工业品销售的主要方式,特别是一些大型的、专用的、技术复杂的、需要提供专门服务的产品。

直接渠道的优点:一是对于用途单一、技术复杂的产品,可以有针对性地安排生产,更好地满足需要;二是生产者直接向消费者介绍产品,便于消费者掌握产品的性能、特点和使用方法;三是由于直接渠道不经过中间环节,可以降低流通费用,掌握价格的主动权,积极参与竞争。直接渠道也存在不足,如制造商在销售上投入大、花费大,而且销售范围也受到限制。

2. 间接渠道

间接渠道是指产品经由一个或多个商业环节销售给消费者和用户的渠道类型。它是消费品销售的主要方式,许多工业品也采用。

间接渠道的优点是因中间商的介入使交易次数减少,节约了流通成本和时间,降低了产品价格,中间商扩大流通范围和产品销售,制造商集中精力于生产。其不足是中间商的介入使制造商与消费者之间的沟通不便。

3. 其他类型

分销渠道还可以按照中间环节(层次)的多少分为长渠道和短渠道;按照每一渠道层次中间商的多少分为宽渠道和窄渠道;按照渠道成员联系的紧密程度分为传统渠道和系统渠道。传统渠道是指由独立的制造商、批发商、零售商和消费者组成的分销渠道,该渠道的特点是各自为政、各行其是,追求各自利益的最大化,但实际上各自都实现不了各自利益的最大化。所以,现在各类渠道都趋向于联合经营或一体化经营,由竞争转向联合,通过做大做强,来追求利润的最大化。

(分销渠道的类型)

(三)分销渠道设计

1. 确定渠道模式

它指的是企业分销渠道设计首先要决定采取什么类型的分销渠道,是派推销人员上门推销或以其他方式自销,还是通过中间商分销。如果决定采取中间商分销,还要进一步决定选用什么类型和规模的中间商。

2. 确定中间商的数目

它指的是渠道的宽度。这主要取决于产品本身的特点、市场容量的大小及需求面的宽窄。通常有四种可供选择的形式。

(1)密集性分销。运用尽可能多的中间商分销,使渠道尽可能加宽。消费品中的便利品(卷烟、火柴、肥皂等)和工业用品中的标准件、通用小工具等,适于采取这种分销形式,以提供购买上的最大便利。

(2)独家分销。在一定地区内只选定一家中间商经销或代理,实行独家经营。独家分销是最极端的形式,是最窄的分销渠道,通常只对某些技术性强的耐用消费品或名牌货物适用。独家分销对生产者的好处是有利于控制中间商,提高他们的经营水平,也有利于加强产品形象,增加利润。但这种形式有一定风险,如果这一家中间商经营不善或发生意外情况,生产者就要蒙受损失。

采用独家分销形式时,产销双方议定,销方不得同时经营其他竞争类商品,产方也不得在同一地区另找其他中间商。这种独家经营妨碍竞争,因而在某些国家被法律所禁止。

(3)选择性分销。这是介乎上述两种形式之间的分销形式,即有条件地精选几家中间商进行经营。这种形式对各类产品都适用,它比独家分销面宽,有利于扩大销路,开拓市场,展开竞争;比密集性分销又节省费用,较易于控制,不必分散太多的精力。有条件地选择中间商,还有助于加强彼此之间的了解和联系,使被选中的中间商愿意努力提高推销水平。因此,这种分销形式效果较好。

(4)复合式分销。生产者通过多条渠道将相同的产品销售给不同的市场和相同的市场。这种分销策略有利于调动各方面的积极性。

3. 规定渠道成员彼此的权利和责任

在确定了渠道的长度和宽度之后,企业还要规定出与中间商彼此之间的权利和责任,如对不同地区、不同类型的中间商和不同的购买量给予不同的价格折扣,提供质量保证和跌价保证,以促使中间商积极进货。还要规定交货和结算条件,以及规定彼此为对方提供哪些服务,如产方提供零配件、代培技术人员、协助促销,销方提供市场信息和各种业务统计资料。生产者同中间商签约时应包括以上内容。

(啤酒分销渠道)

(四)影响分销渠道设计的因素

1. 市场因素

市场宽广,适用长、宽渠道;反之,适用短、窄渠道。顾客集中,适用短、窄渠道;反之,适用长、宽渠道。顾客购买量小,购买频率高,适用长、宽渠道;反之,适用短、窄渠道。没有季节性的产品一般都均衡生产,多采用长渠道;反之,多采用短渠道。除非竞争特别激烈,通常情况下,同类产品应与竞争者采取相同或相似的销售渠道。

2. 产品因素

它包括产品的物理化学性质:体积大、较重、易腐烂、易损耗的产品适用短渠道或采用直接渠道、专用渠道;反之,适用长、宽渠道。一般而言,价格高的工业品、耐用消费品适用短、窄渠道;价格低的日用消费品适用长、宽渠道;时尚性程度高的产品适宜短渠道;款式不易变化的产品,适宜长渠道;标准化程度高、通用性强的产品适宜长、宽渠道;非标准化产品适宜短、窄渠道;产品技术越复杂,需要的售后服务要求越高,适宜直接渠道或短渠道。

3. 企业自身因素

财力雄厚的企业有能力选择短渠道,财力薄弱的企业只能依赖中间商。渠道管理能力和经验丰富的企业,适宜短渠道;管理能力较低的企业适宜长渠道。控制渠道愿望强烈的企业,往往选择短而窄的渠道;愿望不强烈的,则选择长而宽的渠道。

4. 中间商因素

如果中间商不愿意合作,只能选择短、窄的渠道;如果利用中间商分销的费用很高,只能采用短、窄的渠道;如果中间商提供的服务优质,企业采用长、宽渠道;反之,选择短、窄渠道。

5. 环境因素

经济萧条、衰退时,企业往往采用短渠道;经济形势好,可以考虑长渠道。此外,环境因素还包括相关的法规,如专卖制度、进出口规定、反垄断法、税法等。

四、任务实施

(一)实施要求

要求各小组根据以下企业资料,设计分销计划方案,计划方案侧重于渠道的"长度""宽度""深度"。

山东秦老太食品有限公司成立于1993年,是一家致力于挖掘中华传统养生食品及文化的公司。公司销售网络以大型超市为主,电子商务为辅,拥有上万个销售网点。

公司拥有自主研发产品、包装设计能力,是"济南市企业技术中心",与齐鲁工业大学、山东中医药大学、江南大学都有产学研项目互动。拥有国家发明专利2项,实用新型专利15项,拥有"秦老太""早安你好""女人花"等3个山东省著名商标,济南名片"泉城二怪"中茶汤的制作技艺是非物质文化遗产,已经传承九代。公司在食品生产经营过程中秉承"为家人制造食品"的理念,率先通过了ISO9001质量管理体系认证、ISO22000食品安全管理体系(HACCP)认证、ISO14001环境管理体系认证、GB/T 28001职业健康安全管理体系认证,全方位管理生产工艺和质量。品牌定位是轻松食养餐,品牌广告语是"轻松食养、自然好状态"。其主要产品为红豆薏米粉,这是一款除湿的瘦身代餐粉,精选东北红豆、贵州薏米、济南泉水润米,铁锅非遗工艺炒制,不添加任何食品添加剂,具有祛湿、久食减肥瘦身、轻身益气的功能。

(二)实施过程

各小组可以按照以下思路设计分销计划方案:分销渠道长度选择、分销渠道宽度选择、渠道成员选择。

任务 实例

1. 分销渠道长度选择

根据当前市场状况、企业的具体情况及其产品,我们认为可口可乐公司销售渠道应采取少环节的最短渠道和短渠道。

渠道1:生产者→消费者。

渠道2:生产者→零售商→消费者。

(1)市场状况分析。

可口可乐已经成为著名的商标之一,根据调查显示,中国消费者认可可口可乐品牌。可口可乐是中国市场较畅销的饮料之一,公司拥有中国饮料市场9%的市场占有率以及中国碳酸饮料市场33%的占有率。可口可乐长期占据中国碳酸饮料知名四大品牌中的第三位。

(2)消费者需求分析。

目前中国碳酸饮料市场正由成长期日益走向成熟期,品牌集中度已经比较高。中国饮料市场销售总额已近800亿元,成为世界上碳酸饮料产量和销售量最高的国家,也是碳酸饮料竞争最激烈的市场。全国有300多个品牌,其中有20多个占据市场的主导地位,合资企业市场份额达到80%左右。同时消费者的忠诚度也在不断提高,65%的消费者已经形成指名购买、定牌使用的习惯,并且有规律地在4~5种品牌中调换使用。

可口可乐的目标消费者及定价策略也在不断变化,目前的市场上,定价调整为中低档价格。

(3)市场竞争状况分析。

目前,市场高度集中,呈现垄断竞争态势,市场前四大品牌集中度超过60%,百事可乐品牌占据半壁江山,随着新品牌的加入市场竞争还会进一步加剧。

2. 分销渠道宽度选择

可口可乐公司是一个大型的跨国快速消费品公司,因此,其营销渠道结构是一个非常复杂的结合体。我们认为可口可乐公司销售渠道方案应该为间接渠道和密集型渠道方案。

(1)间接渠道的优点:企业可以利用其他组织机构的分销渠道和营销经验,迅速将产品推向市场,在短时间内取得良好的经济效益,减少了企业所承担的市场风险,对资金的使用有一定的安全保障。企业不必设置专门机构或专门人员,可以节省人力、物力和财力,集中精力搞好生产。

(2)密集型渠道结构的特点:密集型分销的特点是尽可能多地使用商店销售产品或服务。密集型分销渠道能扩大产品的市场覆盖面,网点的密度高,方便消费者购买。可口可乐公司的产品陈列在百货公司、连锁超市、便利店、小商店等地方。总之,在任何地方人们只要想买饮料,就能买到可口可乐的产品,这种十分密集的渠道策略,增强了可口可乐的竞争力,为可口可乐公司提供了广阔的市场覆盖面。

3. 渠道成员选择

具体来说,可口可乐公司采用了以下15种渠道,将可口可乐产品分销到每一个角落。

(1)传统食品零售渠道。如食品店、食品商场、副食品商场、菜市场等。

(2)超级市场渠道。它包括独立超级市场、连锁超级市场、酒店和商场内的超级市场、批发式超级市场、自选商场、仓储式超级市场等。

(3)平价商场渠道。其经营方式与超级市场基本相同,但区别在于经营规模较大,而毛利更低。平价商场通过大客流量、高销售额来获得利润,因此在饮料经营中往往采用整箱购买价格更低的策略。

(4)食杂店渠道。其通常设在居民区内,利用民居或临时性建筑和售货亭来经营食品、饮料、烟酒、调味品等生活必需品,如便利店、便民店、烟杂店、小卖部等。这些渠道分布面广、营业时间较长。

(5)百货商店渠道。其是以经营多种日用工业品为主的综合性零售商店。内部除了设有食品超市、食品柜台外,大多还设有快餐厅、休息冷饮厅、咖啡厅或食品柜台。

(6)餐馆酒楼渠道。如各种档次的饭店、餐馆、酒楼,包括咖啡厅、酒吧、冷饮店等。

(7)快餐渠道。快餐店往往价格较低、客流量大,用餐时间较短,销量较大。

(8)街道摊贩渠道。其没有固定房屋,在街道边临时占地设摊,设备相对简陋,出售食品和烟酒,主要面向行人提供产品和服务,以即饮为主要消费方式。

(9)大专院校渠道。如大专院校等住宿制教育场所内的小卖部、食堂、咖啡冷饮店,主要面向在校学生和教师提供饮料和食品服务。

(10)运动健身渠道。如设立在运动健身场所的饮料、食品、烟酒的柜台,主要向健身人员提供产品和服务;或设立在竞赛场馆中的食品饮料柜台,主要向观众提供产品和服务。

(11)娱乐场所渠道。如设立在娱乐场所内(如电影院、音乐厅、歌舞厅、游乐场等)的食品饮料柜台,主要向娱乐人士提供饮料服务。

(12)交通窗口渠道。如机场、火车站、码头、汽车站等场所的小卖部以及火车、飞机、轮船上提供饮料服务的场所。

(13)宾馆饭店渠道。如集住宿、餐饮、娱乐为一体的宾馆、饭店、旅馆、招待所等场所的酒吧或小卖部。

(14)旅游景点渠道。如设立在旅游景点(如公园、自然景点、人文景点、城市景点、历史景点及各种文化场馆等),向旅游和参观者提供服务的食品饮料售卖点。场所固定,采用柜台式交易,销售量较大,价格偏高。

(15)第三方消费渠道。如批发商、批发市场、批发中心、商品交易所等以批发为主要业务形式的饮料销售渠道。该渠道不面向消费者,只是商品流通的中间环节。

五、任务评价

项目六"4Ps 营销策略"任务考核共包含四个任务,满分 100 分。任务三"分销计划方案设计"占 25 分,其评价分值和标准如表 6.4 所示。

表 6.4 "分销计划方案设计"评价标准

评价指标	基本完成评价标准	达到要求评价标准	成绩(25 分)
渠道长度设计(8 分)	能够从产品、市场、企业条件、环境状况出发,设计合理、有效的分销渠道方案(10 分) 方案有针对性、内容具体可行(10 分)	方案紧扣主题,分析全面、正确,条理清楚(5 分)	
渠道宽度设计(8 分)			
渠道成员设计(9 分)			

六、课后自测

简答题

1. 简述分销渠道的概念和作用。
2. 分销渠道有哪些类型?
3. 影响分销渠道设计的因素有哪些?

任务四　促销计划方案设计

一、任务描述

本任务要求学生把促销策略应用于营销实践,为某一产品设计具体的"促销计划方案"。

二、任务要求

本任务要求各小组深刻理解"促销计划方案"的应用价值,按照促销计划设计的程序、内容和步骤来操作。计划方案设计具有可行性和创新性。

三、知识链接

根据产品市场状况和消费者的购买心理,运用促销组合策略,选择有效的促销方式,策划具体的促销活动,完成促销计划方案的设计。

(一)促销及促销组合

促销是指通过人员或者其他方式,把企业的产品和服务信息传递给顾客,激发顾客的购买欲望,引导顾客购买行为的全部活动。

促销组合是一种有组织的策略思想,包括运用广告、人员推销、营业推广、公共关系等四种基本促销方式组合成一个策略系统,使企业的全部促销活动相互配合、协调,实现企业盈利目标。

(二)影响促销组合选择的因素

1. 促销目标

促销目标是影响促销组合的首要因素。营销人员应该结合企业具体的促销目标来选择促销组合。如果企业的促销目标是树立品牌形象、培育顾客忠诚度,促销组合就采用公共关系;如果促销目标是短时间内加快信息传递,这时候就应该采用广告和营业推广策略。

2. 产品特点

由于产品的性质和特点不相同,消费者的购买行为和购买习惯也不相同。对于一些技术含量高、使用比较复杂的产品,比较适合人员推销的方式;对于一些技术含量低、比较简单的消费品,可以选择广告宣传的方式。

3. 产品生命周期

在产品生命周期的四个阶段中,采用的促销策略也不同。在导入期,投入较大的成本用于广告宣传,可以产生较高的知名度,有利于推广新产品;在成长期,随着熟知的顾客越来越多,可以适当减少广告费用;在成熟期,广告的作用降低,而营业推广又可以发挥作用;在衰退期,可削减促销预算,降低价格,或改进产品。

4. 促销策略

促销策略有"推式"和"拉式"两种。推式策略是企业利用销售人员和中间商进行促销,将产品推入销售渠道,由批发商到零售商,最终再推销给消费者;而拉式策略重点是诱发消费者的兴趣,形成消费需求,把消费者吸引到零售商处,零售商转向批发商进货,批发商又再向生产商进货,形成层层拉引之势,拉式策略中广告宣传起着重要的作用。

(三) 常用促销策略

1. 打折策略

打折策略是促进产品销售中最普遍、最有效的促销战略,以降低销售价格进行销售。这种促销策略一般适用于刚刚上市、急需打开市场销路的新品或需要清理库存、快退市的老产品。这种策略的优势非常明显,效果快,短期内可以迅速拉动销售,增加消费者的购买,对消费者的影响和诱惑最大。

采取打折策略可以快速反应,在不改变标价的基础上令竞争对手措手不及,可以使自己处于比较主动的竞争地位。此策略的缺点主要表现在不能从根本上解决经营困境,只可能带来短期的销售提升,而且产品价格一旦下降,想要恢复到以前的水平较为困难,也会引发竞争对手的反击,容易导致价格竞争,不宜长期使用。

2. 返还策略

返还策略是指在消费者购买一定数量(金额)的商品后,给予一定金额的退款或返券,包括:购买单一商品的返还策略,购买同一商品的返还优惠,购买同一厂家的多种商品享受的返还优惠、联合返还优惠等形式。采取此策略的优点是对品牌形象影响较小,可以刺激消费者再次购买、重复购买或介绍他人来购买,便于培养消费者对品牌的忠诚度,实现商品的快速销售。

3. 赠品策略

赠品策略是指消费者在购买产品的同时可以得到一份非本产品的赠送。这种促销策略可以适用于不同状况的产品。赠品策略可以创造产品的差异化,增强产品吸引力,增加消费者尝试购买的概率,加速消费者对产品的重复购买,实现产品的快速销售。采取这个策略时要注意赠品的品质,不要让赠品的品质影响到产品的声誉。

4. 会员策略

会员策略是指店铺以某种利益或服务为主题,对消费者分组进行宣传、销售、促销的市场营销活动。会员策略充分利用人们从众的心理,满足人们对品牌的渴望,最终产生对品牌的拥有感和归属感。会员策略的基本手段主要为价格优惠及方便购买等。

5. 兑换策略

兑换策略是指在促销过程中,消费者根据某种认可的兑换券享受购买时的优惠。这种促销策略往往出现在联合促销活动中(同业合作或异业联盟)。两家公司优势互补,实现各自产品销售的最大化,采取兑换策略便于有针对性地开展促销活动,对有相应需求的消费者效果比较好。这种推广策略不适合新品牌,因为新品牌对消费者来说魅力很小,消费者的参与度很低。

6. 试用策略

试用策略就是将产品或其试用品免费赠送给消费者,供其免费试用的一种方法,常见的方式主要有:组织专人将免费的产品在居民区内派发或直接入户送到消费者手中,这种方式的最大好处是消费者尝试率极高,注意率更高;在零售店、购物中心、重要街口等人流量较大的地方进行派送。免费试用能够提高产品入市速度,是夺取其他品牌忠诚消费者的最佳方式之一。

由于活动费用较高,做此类活动必须掌握好成本、时机,商家制订此类促销方案时要做好计划,并请富有专业经验的人员来组织管理。

7. 赞助策略

此策略在产品进入成长期时采用。品牌广告和广告活动担负着提高品牌形象的任务,促销以树立品牌偏好为主,通过协助某些活动开展一系列营销宣传,形成良好社会效应。品牌形象赞助类活动的最大优点就是能迅速提高品牌知名度,塑造良好的品牌形象,它是企业进行品牌积累的一条捷径,同时也有利于促进产品的销售,能给企业带来名利双收的效果。

8. 抽奖策略

此策略是利用人追求刺激、"以小赢大"的心理,通过抽奖赢取现金或商品,强化购买产品的欲望。抽奖活动方式主要分为回寄式、即开即中式、多重连环抽奖式、抽奖活动与其他促销模式组合运用等方式。抽奖活动的最大优势就是最大限度地满足更多目标消费群的需求,同时能直接促进销量的提升。炫目的产品广告加上令人心动的"抽奖活动",使消费者更加关注产品,刺激吸引新老消费者尝试或重复购买。应用此种策略时需要制订好项目的成本预算、巧妙制订活动流程、设计好奖品体系,因为这些因素直接影响人们的参与度。

(促销活动中常见的促销策略)

（营业推广）

四、任务实施

（一）实施要求

本任务要求各小组以山东秦老太"红豆薏米粉"为材料，完成一份促销计划方案。在完成的过程中尤其要注意促销主题设计、促销活动设计、广告宣传设计。

（二）实施过程

促销计划方案撰写要点如下。

1. 选择促销商品

在设计具体促销方案时，首先要确定选择哪些商品及多少数量作为这次促销的主要商品。作为促销商品既要有品牌知名度，又要有明显的价格优势，需求量也要保证。

2. 选择合适的促销方式

促销活动方案是促销组合策略的综合运用，应该采用多种促销方式，进行合理组合。消费者比较容易接受的促销方式有"特价促销""抽奖促销""赠品促销""优惠券促销"等。促销方案中可以适当将几种促销方式组合使用。

3. 促销活动主题设计

一场促销活动必须有鲜明的主题，主题的设计应该考虑产品的特点和性质以及目标人群的购买行为特点，还应该体现团队的创意，所有的促销活动都应该围绕这一主题展开。如促销主题为"中秋大酬宾"，那么促销活动应该以中秋节商品的"特价""赠送"促销活动为主，主要体现对消费者的酬谢。

4. 促销活动设计的可行性

促销活动设计要具体，每一项促销活动的名称、时间、活动内容、活动费用、人员安排等都应具体、明确。如设计"赠品促销"活动时，要写出赠送哪些商品、赠品如何摆放、如何发放等具体安排。

企业案例

"德芙巧克力"七夕促销活动方案

一、活动背景

1. 活动介绍

七夕节是中国传统的节日。在这个关于爱情与浪漫的日子里,巧克力成了情侣和夫妻间送礼的上选,一盒包装精美的巧克力拉近了人们的距离。德芙巧克力以其顺滑的口感和紧跟潮流的造型,征服了广大青年人群的内心。因此,在七夕节这天,我们在人流量大、消费能力强的小寨赛格商场附近进行了本次促销。

2. 活动主题

以爱为名,温暖世界。

3. 宣传口号

"德芙,七夕甜蜜动你心""得到你是我一生的幸福"(德芙是得与福的谐音,具有美好的祝愿意义)。

二、市场分析

如今的巧克力,已经成为人们七夕节首选的礼物之一,但是面对商场中琳琅满目的各种品牌,消费者通常难以抉择。如今的消费者,所关心的不仅仅是一盒巧克力,而是产品的品质、口感、味道、价格以及整盒巧克力可以带来的附加价值与体验。

三、SWOT 分析

1. 优势(strength)

德芙巧克力在品牌上占有一定的优势,具有先进的设备和生产工艺,市场知名度高。

2. 劣势(weakness)

市场竞争激烈,有许多产品争夺市场。

3. 机会(opportunity)

德芙经常会推出新产品,获得了年轻人的追捧,在市场上反应良好,在湖北设立了新的工厂,扩大了市场,大大增加了国内市场的竞争力。

4. 威胁(threat)

消费者的喜好不同,对巧克力类产品的购买越来越注重实际。巧克力的代替品越来越多,成为巧克力销量的一大威胁。

四、活动目的

利用七夕节的特殊气氛来开展德芙巧克力促销活动,扩大品牌知名度与市场占有率,营造良好的企业形象。

借助此次七夕节促销,增加德芙巧克力的销售量,应对竞争者。

开展此次促销,便于制订相应的竞争策略,应对竞争者。

促使老顾客长期购买,形成忠诚顾客;吸引新的顾客购买产品,形成满意顾客。

五、目标人群

（一）市场细分

女性消费者对巧克力的偏好大于男性消费者,但女性更多是希望收到巧克力。因此,虽然女性消费者更喜欢巧克力,但购买者大多数却是男性消费者。尤其在情人节前后,男性消费者购买巧克力的人数会大幅增长。

年轻人是巧克力消费者中极其重要的群体,35岁以下的购买者自己消费的巧克力比例很高,尤其以15~25岁的人群为主,而35岁以上的消费者购买的产品绝大多数是给孩子购买的。

（二）目标市场选择

在七夕节时,巧克力、鲜花、红酒的需求会大大增加,因此,主要选择情侣、夫妻作为销售对象。

（三）市场定位

1. 德芙巧克力的品质和口感是消费者购买的第一选择。

2. 女性爱吃巧克力,而巧克力也是最美味的食品之一,尽管女性对体形和美味很难抉择,但是16~28岁恋爱期的女性对巧克力的偏好还是十分明显的。

（四）活动准备

1. 活动时间

2018年8月17日(农历七月初七),七夕节当天。

2. 活动方式

(1)用大屏幕滚动播放德芙广告吸引消费者停留。

(2)准备新品试吃和赠品,购买任意礼盒送伴手礼袋一个。

(3)团购满1000元立减50元。

3. 人员安排及物料准备

(1)人员安排。

岗位	所需人员/位
促销员	6
现场安全处理员	5
场地租用及相关问题调解员	2
各处负责人	10

续表

岗位	所需人员/位
广告播放联系人	2
宣传单分发员	30
赠品采购员	2

(2)物料准备。

物料名称	规格	数量	单价/元	金额/元
德芙巧克力(抹茶)	盒	100	81	8100
德芙巧克力(牛奶)	盒	150	66	9900
德芙巧克力(摩卡)	盒	100	32	3200
德芙巧克力(其他)	盒	550	59	32450
玫瑰花(赠品)	枝	99	7	693
可爱小公仔(赠品)	个	521	5	2605
特色情人节礼盒(赠品)	盒	99	20	1980
试吃新品巧克力(赠品)	盒	66	59	3894
合计		1685		62822

六、预算

(一)项目数量预算

项目名称	所需材料及时间	金额/元
场地费	两天	1000
广告费	一年	10000
介绍单页	5000页	150
装饰道具	两天	3000
工作人员及服装费	两天	5500
各种巧克力费		53650
合计		73300

（二）赠品费

赠品名称	数量	单价/元	总金额/元
玫瑰花	99（朵）	7	693
可爱小公仔	521（个）	5	2605
特色情人节礼盒	99（盒）	20	1980
试吃新品巧克力	66（盒）	59	3894
合计	785		9172

物流管理1712班实训作业

五、任务评价

项目六"4Ps营销策略"任务考核共包含四个任务，满分100分。任务四"促销计划方案设计"占25分，其评价分值和标准如表6.5所示。

表6.5 "促销计划方案设计"评价标准

评价指标	方案设计	方案分析	成绩（25分）
促销时间（1分） 促销目标（2分） 促销主题（4分） 促销活动（9分） 促销宣传（5分） 促销预算（2分） 促销进度安排（2分）	从满足消费者需要出发，根据竞争者状况，设计出具体的有创意的促销方案。方案设计具体，具有可操作性（17分）	1.紧扣主题（2分） 2.分析全面（2分） 3.分析正确（2分） 4.条理清楚（2分）	

六、课后习题

（一）单项选择题

1. （　　）策略是市场营销4P组合的核心。
   A. 价格　　　　　B. 渠道　　　　　C. 产品　　　　　D. 促销

2. 对在规定的时间内提前付款或用现金付款者所给予的一种价格折扣称为（　　）。
   A. 数量折扣　　　B. 季节折扣　　　C. 现金折扣　　　D. 功能折扣

3. 企业对很多商品的定价都不是整数，而是保留零头，这种心理定价策略称为（　　）。

A. 尾数定价　　　　B. 招徕定价　　　　C. 声望定价　　　　D. 习惯定价

4. 最常见的人员推销形式是(　　)。

A. 会议推销　　　　B. 上门推销　　　　C. 柜台推销　　　　D. 电话推销

5. 只含有一个销售中介组织的销售渠道称为(　　)。

A. 二层渠道　　　　B. 零层渠道　　　　C. 一层渠道　　　　D. 三层渠道

(二)简答题

1. 常用的促销策略有哪些?

2. 结合实际,分析分销渠道的发展趋势。

项目七 移动互联网时代营销新策略

课程思政

移动互联网时代的营销新策略是市场营销伴随着时代发展而产生的新兴事物。当今学生多为"00"后,他们本身就是随着互联网等新媒体长大的一代,其学习方式、交流方式、生活习惯都深深受到新媒体的影响,形成了独特的价值观念与行为模式,他们更愿意追求新事物、新方式、新热点,注重自我价值和自我感知。

移动互联网时代的社交网络营销、社群营销以及新媒体营销作为新兴的营销模式,充满风险和挑战,但学生对营销背后的分析只停留在表面。因此,要以学生为主,以学生的主观需要为出发点,以学生了解的热点营销事件为抓手,培养学生对问题的独立思考判断能力和透过现象看本质的能力,引导学生在纷繁的网络时代坚守自己的原则底线和道德准则。用属于我们自己的正能量去驱散网络中弥漫的负能量,积少成多、积善成流,我们每一个人都应该为网络贡献出属于自己的那份正能量。

学习目标

知识目标:理解社交网络营销的含义与优势。
　　　　　理解社群营销的概念与构成要素。
　　　　　理解新媒体营销的含义与方式。

能力目标:要求学生在理解社交网络营销、社群营销及新媒体等互联网时代的营销新策略时,领会营销新策略与传统营销策略的区别与优势,在任务实施过程中培养和提高"小组分工协作能力""归纳总结能力"和"表达交流能力"。

素质目标:通过本项目任务实施,培养团队合作精神和交往能力。

任务一　社交网络营销写作

一、任务描述

本任务要求学生依据社交网络营销的理论知识,结合"Facebook 社交网络营销"案例,在理解社交网络营销的含义及优势的前提下,对相关知识进行梳理和总结,完成一篇约 400 字的"社交网络营销之我见"。

二、任务要求

本任务要求学生提交的"社交网络营销之我见"内容完整、条理清晰,重点突出对社交网络营销与传统营销区别的感悟。

三、知识链接

(一)社交网络营销的含义

社交网络是一种交流平台,人们称该类网站为社交站。它是 Web2.0 或者新世纪的交流平台,必须把社交站当作优势,因为它们有大量的免费流量。最有名的如 Myspace、Facebook,它们的作用不仅是提供要闻故事,还是把流量带到网络商在线网页的主要因素。

社交网络营销具有如下特点。

(1)直接面对消费人群,目标人群集中,宣传比较直接,可信度高,更有利于口碑宣传。

(2)氛围制造销售,投入少,见效快,利于资金迅速回笼。

(3)可以作为普遍宣传手段使用,也可以针对特定目标,组织特殊人群进行重点宣传。

(4)直接掌握消费者反馈信息,针对消费者的需求,及时对宣传战术和宣传方向进行调查与调整。

(二)社交网络营销的优势

1. 可以有效降低企业的营销成本

社交网络营销"多对多"的信息传递模式具有更强的互动性,受到更多人的关注。随着网民网络行为的日益成熟,用户更乐意主动获取信息和分享信息,社群用户显示出高度的参与性、分享性与互动性。社交网络营销传播的主要媒介是用户,主要方式是"众口相传"。因此,与传统广告形式相比,无须大量的广告投入。相反,因为用户的参与性、分享性与互动性的特点,很容易加深对一个品牌和产品的认知,容易形成深刻的印象,从媒体价值来分析更易形成好的传播效果。

2. 可以实现目标用户的精准营销

社交网络营销中的用户通常都是互相认识的朋友，用户注册的数据相对来说都是较真实的，企业在开展网络营销的时候很容易对目标受众按照地域、收入状况等进行用户的筛选，来选择哪些是自己的用户，从而有针对性地与这些用户进行互动。如果企业营销的经费不多，但又希望能够获得一个比较好的效果的时候，可以只针对部分区域开展营销，如只针对"北、上、广"的用户开展线上活动，从而实现目标用户的精准营销。

3. 社交网络营销是真正符合网络用户需求的营销方式

社交网络营销模式的迅速发展恰恰是符合了网络用户的真实需求，即参与、分享和互动。它代表了网络用户的特点，也是符合网络营销发展的新趋势，没有任何一个媒体能够把人与人之间的关系拉得如此紧密。无论是朋友的一篇日记、推荐的一个视频、参与的一个活动，还是朋友新结识的朋友，都会让人们在第一时间及时了解和关注到身边朋友们的动态，并与他们分享感受。只有符合网络用户需求的营销模式才能在网络营销中帮助企业发挥更大的作用。

（社交电商成扶贫的重要渠道）

企业案例

据小米公布的数据显示，其在 2013 年上半年的手机销量几乎相当于 2012 年全年的销量，而营业收入较去年同期的 9.5746 亿美元增长了一倍多。

小米在本质上是一个电子商务的平台，而其电商系统的本质是对用户需求的把握。据了解，小米在"米聊论坛"建成了一个荣誉开发组，从几万人的论坛中抽出一批活跃度相当高的用户，他们会和小米内部人员同步拿到软件更新的版本，内部和外部的人一起同步测试，发现问题随时修改。这样一来，小米就很好地借助了外力，把复杂的测试环节很好地解决了。同时，通过 MIUI 论坛、微博、其他论坛等进行营销，对"发烧友"级别的用户单点突破，成功实现口碑营销，避免了电视广告、路牌广告等烧钱式营销。

消息称，截至 2013 年 5 月底，小米的微信账号已经有 106 万粉丝，属于企业微信账号中的超级大号。小米自己开发了微信操作后台，通过微信联系的米粉极大地提升了对小米品牌的忠诚度。

"我们是把微信服务当成一个产品来运营的。"小米分管营销的副总裁黎万强表示。

小米手机每周会有一次开放购买活动，在每次活动的时候会在官网上放微信的推广链接以及微信二维码。据了解，通过官网增加粉丝的效果非常好，最多的时候一天可以增加 3 万—4

万个粉丝。

四、任务实施

讨论案例"丝芙兰的 Facebook 社交网络营销"

网络上有许多美容达人,而且他们已经把美容的激情带到社交网络上来了。丝芙兰在 Facebook 上开展了一个"15 天的美丽刺激"活动,活动的奖品包括一辆 FIAT 汽车、到巴黎化妆学院的四人行旅行以及 5000 美元的丝芙兰购物券。这驱使大量的 Facebook 粉丝对指甲油、眼影及精华液开始关注,最后丝芙兰 Facebook 的粉丝涨到 350 万,同时刺激 Twitter 52 万的转发和 3 万个置顶。现在丝芙兰在同行里已经拥有相当大的受众基础了。

(一)实施要求

要求学生根据案例"丝芙兰的 Facebook 社交网络营销",结合本节理论知识,写好一篇"社交网络营销之我见"。文章结构可分为三部分:开头、正文、结尾。基本写作要求如下。

1. 开头

文章的开头阐述论点。根据本节内容的理论知识,结合案例,阐述论点。

2. 正文

文章的正文是分析提出的问题,用论据对论点进行推理论证。

3. 结尾

通过开头提出的论点、正文的分析论证,最后在结尾部分得出结论。

(二)实施过程

_____
_____
_____
_____
_____
_____

五、任务评价

项目七"移动互联网时代营销新策略"任务考核共包含三个任务,满分 100 分。任务一"社交网络营销写作"占 40 分,其评价分值和标准如表 7.1 所示。

表 7.1 "社交网络营销写作"评价标准

评价指标	基本完成任务	达到要求完成任务	成绩(40 分)
理论运用(20 分)	社交网络营销概念的引用 营销的核心概念的理解(6 分) 可以全面分析,也可以从其中一个案例来分析(4 分)	概念、含义描述准确(6 分) 观点正确(4 分)	
写作要求(20 分)	联系企业实例(5 分) 形成自我认识(5 分)	论述充分(5 分) 表达有条理(5 分)	

六、课后自测

(一)判断题

1. 社交网络营销可以作为普遍宣传手段使用,不可以针对特定目标。(　　)
2. 社交网络营销可以有效降低企业的营销成本。(　　)

(二)名词解释题

社交网络营销。

(三)简答题

社交网络营销的特点是什么?

任务二 咖啡店如何进行社群营销

一、任务描述

学生利用本节所学的知识,在小组内进行话题讨论"咖啡店应该如何进行社群营销",在讨论的基础上,小组派一名代表汇总大家的观点,并代表本组在班级内交流。

二、任务要求

本任务要求小组内成员积极参与讨论交流,理论结合实际,形成自己的观点,小组讨论交流后结合考核指标互相点评,最后师生联合评出小组交流的团队成绩。

三、知识链接

(一)社群营销的概念

社群营销是在网络社区营销及社会化媒体营销基础上发展起来的用户连接及交流更为紧密的网络营销方式。社群营销主要通过连接、沟通等方式实现用户价值,营销方式人性化,不仅受到用户欢迎,用户还可能成为继续传播者。

(二)产生背景

网络社群的概念是由于Web2.0的发展以及社交网络的应用逐步流行起来的。从社交网络服务(SNS)发展的时间上推测,网络社群的概念大约出现在2006年前后,社群经济、分享经济等概念也是在同样的背景下逐渐被认识的,可见社群是以社交化为基础的。

(三)构成社群的要素

一般而言,社群主要由以下5个要素构成。

1. 同好:决定了社群的成立。同好的具体内容又包括产品、行为、标签、空间、情感以及三观等。

2. 结构:决定了社群的存活。一个平等互助、管理规范的社群结构有利于吸纳成员自愿加入,更有可能吸引优质的成员。

3. 输出:决定了社群的价值。社群的输出内容主要包括咨询答疑、信息咨询、利益回报等。

4. 运营:决定了社群的寿命。一个社群能否长久地生存下去,要看运营的组织感、仪式感、归属感以及参与感。

5.复制:决定了社群的规模。社群能否围绕核心群不断复制,形成自组织和亚文化圈子,决定了其是否能够发展壮大。

企业案例

乐高的"用户智造"

乐高,英文名 LEGO,创立于 1932 年,公司位于丹麦。截至 2021 年,乐高已有 89 年的发展历史,追本溯源,还得从它的金字招牌 LEGO 说起。商标"LEGO"的使用是从 1932 年开始的,来自丹麦语"LEg GOdt",意为"play well"(玩得快乐),并且该名字迅速成为乐高公司在 Billund 地区玩具工厂生产的优质玩具的代名词。

多年来,"LEGO"图标也变化了多种形式,最新的图标是 1998 年制作的,它是在 1973 年的版本基础上稍做调整而成,使之更便于在媒体上传播和识别。第一个生产地是在丹麦的一所红房子中,那里就是乐高开始的地方。2018 年 12 月,乐高入围 2018 世界品牌 500 强。2019 年 10 月,Interbrand 发布的全球品牌百强榜中乐高排第 75 名。

乐高鼓励消费者提交自己设计的模型,从这些设计中挑选优秀的作品为备选方案,并由消费者投票选出最好的方案,而获奖者能从销售中获得 5% 的利润。对于乐高来说,节约了设计成本,避免设计不受市场欢迎的风险,本质上调动了消费者的创造力。从消费者角度来讲,参与了创造,奉献了力量,就会卖力地推销产品,因为这个产品也有他的一份努力。

乐高社群成员高度参与的创业模式里,每个人既是创造者,又是投资者,更是用户。

四、任务实施

(一)实施要求

1.交流讨论的内容

学生围绕"咖啡店应该如何进行社群营销"这一主题进行讨论交流。要求:①拟定针对咖啡店进行社群营销的方案;②结合方案内容制作 PPT,以小组形式汇报。

2.交流讨论的技巧

交流讨论的技巧主要有:①交流表达要求表述清楚、流畅,语速适中;②交流表情要求面部表情自然、舒展;③交流姿态要求大方得体,具有感染力。

(二)实施过程

1.记录小组讨论的观点,制订针对咖啡店进行社群营销的方案。

2.每个小组派一名学生陈述观点并在班级内交流。

五、任务评价

项目七"移动互联网时代营销新策略"任务考核共包含三个任务,满分100分。任务二"咖啡店如何进行社群营销"占30分,其评价分值和标准如表7.2所示。

表7.2 "咖啡店如何进行社群营销"讨论交流评价标准

评价指标	基本完成任务	突出完成任务	评价成绩(30分)
交流内容(20分)	理论联系实践(5分) 形成自己观点(5分)	内容完整(5分) 观点鲜明(5分)	
交流表述(10分)	表达清楚(4分) 表达有条理(4分)	流畅、熟练(1分) 富有感染力(1分)	

六、课后自测

(一)判断题

1.结构是构成社群的要素之一。(　　)

2.社群营销是在网络社区营销及社会化媒体营销基础上发展起来的用户连接及交流更为紧密的网络营销方式。(　　)

(二)名词解释题

社群营销。

(三)简答题

社群营销的构成要素是什么?

任务三　新媒体营销如何为故宫文创产品打开销路

一、任务描述

本任务要求学生理解新媒体营销与传统营销的区别，以小组为单位在讨论"新媒体营销如何为故宫文创产品打开销路"的基础上，小组派一名代表汇总大家的观点，并代表本组在班级内交流。

二、任务要求

本任务要求小组内成员积极参与讨论交流，理论结合实际，形成自己的观点，小组讨论交流后结合考核指标互相点评，最后师生联合评出小组交流的团队成绩。

三、知识链接

（一）新媒体营销的含义

新媒体营销是指利用新媒体平台进行营销的方式。在Web2.0带来巨大革新的时代，营销方式也随之变革，具有沟通性（communicate）、差异性（variation）、创造性（creativity）、关联性（relation）、体验性（experience）等特点。互联网已经进入新媒体传播时代，并且出现了网络杂志、博客、微博、微信、TAG、SNS、RSS、WIKI等这些新媒体。

新媒体营销是企业软性渗透的商业策略在新媒体（如微信、微博）上的实现，企业通常借助新媒体进行表达与舆论传播，使消费者认同某种概念、观点和分析思路，从而达到对企业品牌宣传、产品销售的目的。

（二）新媒体营销方式

1. 网络杂志

网络杂志经过多年的沉浮，无论在技术上还是表现形式上均趋于成熟，以VIKA网络杂志平台为例，短短的一年时间内，他们所发行的上百种网络杂志，凭借着精彩的内容、多媒体的表现形式、全新的阅读感受、准确及时的派发，聚集了700多万的用户，并仍处于不断增长中。这样庞大的用户量和人气指数自然不会被寻找商机的企业所忽视，网络杂志成了他们看中的新的营销渠道。他们通过与VIKA等这样的网络杂志平台合作，将自身及客户品牌、形象、产品和服务等进行全方位推广。而各个网络杂志平台也借此为各个企业提供了独有的营销推广服务，品牌企业专刊、杂志内页广告等是主要的宣传形式。

网络杂志平台专门为企业制作的杂志,依托杂志平台的用户量和人气,通过下载的形式进行企业的宣传和推广。如 VIKA 平台的《豹之舞》杂志,便是为高端汽车品牌捷豹量身定制的一本企业品牌专刊,刊名表现捷豹汽车灵动高贵的身姿,内容涵盖企业背景介绍、捷豹最新车型推荐、企业动态报道、时尚车迷生活方式等方面,寓企业产品资讯于时尚感性笔触,结合多媒体手段,更显炫目迷人。对于企业专刊,像 VIKA 这样的平台都建立了专门的部门或小组,通过从策划、编辑到发行一站式的精心制作,为企业提供最有效的营销服务。

2. 微博

微博营销以微博作为营销平台,每一个受众(粉丝)都是潜在营销对象,企业通过更新自己的微博向网友传播企业信息及产品信息,以便树立良好的企业形象和产品形象。每天通过更新有趣的内容跟大家交流互动,或者发布大家感兴趣的话题,来达到营销的目的,这样的方式就是微博营销。该营销方式注重价值的传递、内容的互动、系统的布局、准确的定位。微博营销涉及的范围包括认证、有效粉丝、话题、名博、开放平台、整体运营等。当然,微博营销也有其缺点:有效粉丝数不足、微博内容更新过快等。微博营销的种类包括个人营销、企业营销及行业资讯营销。

(1)个人微博营销。很多个人的微博营销是通过本人的知名度来得到别人的关注和了解的,如明星、成功商人或者社会中比较成功的人士,他们运用微博往往是通过这样一个媒介来让自己的粉丝更进一步去了解自己和喜欢自己,微博对他们而言主要是用于平时抒发感情,功利性并不是很明显,他们的宣传工作一般是由粉丝们跟踪转帖来达到营销效果的。

(2)企业微博营销。企业一般是以盈利为目的,它们运用微博是想通过微博来增加自己的知名度,最后达到能够将自己的产品卖出去。企业微博营销要艰难许多,因为知名度有限,短短的微博不能让消费者直观地理解商品,而且微博更新速度快,信息量大。在做企业微博营销时,应当建立起自己固定的消费群体,与粉丝多交流,多互动,多做企业宣传工作。

(3)行业资讯微博营销。以发布行业资讯为主要内容的微博,往往可以吸引众多用户关注,类似于通过电子邮件订阅的电子刊物或者 rss 订阅等,微博内容成为营销的载体,订阅用户数量决定了行业资讯微博的网络营销价值。因此,运营行业资讯微博与运营一个行业资讯网站在很多方面是很类似的,需要在内容策划及传播方面下很大功夫。

(三)新媒体营销与传统营销的区别

1. 新媒体营销的成本要低于传统营销的成本。
2. 新媒体营销的传播方式灵活,更加注重传播的精准度以及传播方式的多样化。
3. 新媒体营销注重与用户的互动体验。
4. 传统的营销方式一般采用"硬"广告,而新媒体营销采用的是"软"广告,如推广酸奶,可能只是一个温馨的短视频,没有一句广告词。

5.新媒体上的广告产品,有大量用户的评论,其他不了解产品的人群,可以根据其他人的评论来判断产品是否优质。

6.新媒体营销容易赢得更多的关注。新媒体营销受众广,流量大,一篇好的文章、一个好的软件或者小程序,都会引起很多人的共鸣与关注。

总之,新媒体营销并不是通过单一渠道进行营销,而是需要多种渠道整合营销,甚至在营销资金充裕的情况下,可以与传统媒介营销相结合,形成全方位立体式营销。

(农产品营销新模式)

分众"全城示爱":最高调的表白

节日越来越多地成为商家的狂欢,2月14日情人节更是商家紧盯的重点,如何从用户稀缺的注意力中分杯羹绝非易事,但是分众传媒做到了,这家备受手机屏幕冲击的广告公司证明了自己在新时代仍然可以引领潮流。

今年情人节期间,分众发起"全城示爱",用户通过关注官方微信来提交表白内容,只要写明爱人的位置,表白内容就会在楼宇屏内弹幕显示。"全城示爱"表白参与数达到180万人。

四、任务实施

(一)讨论案例"故宫文创"

2013年9月,故宫放下身段,开通了故宫公众号,走向大众。然而,早期依旧走高冷路线,文章中规中矩,标题索然无味,当年的阅读量只有4位数。随着新媒体传播的影响,故宫公众号开始走"软萌"路线,以受众喜欢的风格进行营销策划宣传。2014年8月1日,故宫公众号刊登了《雍正:感觉自己萌萌哒》。此文一出,迅速让平均阅读量4位数的故宫公众号第一次阅读量超过10万,成为故宫公众号第一篇阅读量超过10万的爆文。通过数字技术,故宫让《雍正行乐图》"活"了起来,古代与现代相互交融,雍正皇帝成为当时的热门"网红"。动态图片中,"四爷"雍正是这样自在的汉子:斗猛虎、射飞鸟、逗猴子、濯足抠脚、抚琴晃脑……通过微信走红,累计转发超过80万次。借着故宫公众号吸引的用户流量,2015年8月,故宫"萌系"产品一上市就成为年轻人喜欢的"爆款",故宫在网上促销第一个小时,1500个手机座全部售罄,一天内成交1.6万单。

（二）实施要求

1. 交流讨论的内容

学生围绕"新媒体营销如何为故宫文创产品打开销路"这一主题进行讨论交流。要求：①列举通过媒体营销为故宫文创产品打开销路的具体做法；②结合方案内容制作PPT，以小组形式汇报。

2. 交流讨论的技巧

交流讨论的技巧主要有：①交流表达要求表述清楚、流畅，语速适中；②交流表情要求面部表情自然、舒展；③交流姿态要大方得体，具有感染力。

（三）实施过程

1. 记录小组讨论的观点，列举通过新媒体营销为故宫文创产品打开销路的具体做法。

_____
_____
_____
_____
_____
_____

2. 每个小组派一名学生陈述观点并在班级内交流。

五、任务评价

项目七"移动互联网时代营销新策略"任务考核共包含三个任务，满分100分。任务三"新媒体营销如何为故宫文创产品打开销路"占30分，其评价分值和标准如表7.3所示。

表7.3 "新媒体营销如何为故宫文创产品打开销路"讨论交流评价标准

评价指标	基本完成任务	突出完成任务	评价成绩(30分)
交流内容(20分)	理论联系实际(5分) 形成自己的观点(5分)	内容完整(5分) 观点鲜明(5分)	
交流表述(10分)	表达清楚(4分) 表达有条理(4分)	流畅、熟练(1分) 富有感染力(1分)	

六、课后自测

（一）判断题

新媒体营销的营销成本要高于传统营销。（   ）

（二）名词解释题

新媒体营销。

（三）简答题

1. 新媒体营销与传统营销的区别是什么？
2. 比较移动互联网时代新营销策略与传统营销策略。